ISBN 978-0-364-44079-7
PIBN 11025765

Seit mehr als einem Jahr hatte Frau von Krudener in der Schweiz Aufsehen erregt, bisweilen den Zeitungen Veranlassung gegeben von ihr zu sprechen. Das Benehmen der Kantone Luzern und Zürich gegen sie, ihr Aufenthalt an der Gränze des Kantons Schaffhausen und hierauf in der Nähe dieser Stadt hatte sie für eine Weile zum allgemeinen Tagesgespräch gemacht, so wie auch zu gleicher Zeit die öffentlichen Blätter insgesammt mehr Notiz von ihr nahmen. Unter diesem steten Hin- und Herreden für und gegen sie, stiegen dem Verfasser dieser Bogen mehrere Ideen auf, so wie er Ansichten der Verehrer, der Gegner und unbefangener Beobachter zu vernehmen Gelegenheit hatte. Sie selbst konnte er nicht sehen und sprechen; solches erlaubten (nach seinem Bedünken) seine Stellung und Verhältnisse als Mitglied des Clerus schlechterdings nicht; denn er macht dessen kein Hehl, daß er ein solches seye und als solches schreibe.

Der Verfasser dieser Blätter ist entschieden gegen Frau von Krudener und ihr geistliches Wesen; nicht gegen die Lehren, welche sie vorbringt. Derer, die gegen sie sind, gibt's noch Viele. Die Einen sind's aus Kaltsinn, weil überhaupt nichts Religiöses sie anspricht; Andre weil sie blos ein Verstandeschristenthum wollen; noch Andre weil sie Nachtheil für die Freuden der Gesellschaft befürchten; vielleicht Manche ohne selbst bestimmt zu wissen, warum? Aber eben so sind Viele für sie, weil ein predigendes Weib etwas Neues ist, das Ganze ungewohnt seltsam; Manche in geistigem Siechthum, weil ihr Gewissen Beschwichtigung bedarf, die hier leicht gefunden wird; Andre aus Beispiel, weil Solche gehen, die den Ton stimmen; aber auch hier Viele, ohne recht zu wissen, warum? Der Verfasser ist gegen sie aus kirchlicher „Orthodoxie", weil ein Weib nicht lehren soll, weil er die Einheit der Kirche bewahren will, in Glaube, Lehre und Dienst; weil ihm Spaltungen ein Gräuel sind; weil das wandernde Lehren ein Unfug ist; — aus religiöser, weil solche Art dem Heiligen mehr Schaden als Vortheil bringt, weil ihm alle Weihe fehlt, weil durchs Ganze zu viel Gewandtheit durchschimmert.

Daß Sie viel Schönes sagen mag, verkennt er nicht, daß Sie manches sagt, was man vielleicht lange nicht so hörte, stimmt ihn nicht gegen Sie. Ueberhaupt möchte sich der Verfasser alles Ernstes verwahren, daß nicht sein Eifer mißdeutet werde, als seye seine Religion innerhalb der Gränzen der blossen Vernunft oder gar des gemeinen Verstandes, mithin ein Gerippe ohne Saft, Blut, Wärme, Farbe; eben so wenig anderseits, als seye seine Orthodoxie (oder substituire man hiefür jedes andre beliebige Wort — jedes hält er für eine Zierde des Geistlichen) von jener trübseligen Art, welche das menschliche Leben grau in grau mahlen und allen Farbenschmelz und Blüthenduft darin verwischen möchte.

Heiter, glaubt er, müsse man ins Leben schauen, sich freuen mit den Freuenden, mit den Weinenden weinen, ungefesselt bleiben vom Erdenglük, unverzagt seyn im Misgeschik, durch Alles himmelwärts gewendet, doch nie mit jener Sauersichtigkeit, vor welche wir Wärnung finden Matth. VI., 16.

Den 31. Juli 1817.

Der Verfasser.

Wenn wir die Erscheinungen in der intellektuellen und moralischen Welt zu unserer Zeit betrachten, so will es uns fast bedünken, daß sich der Gährungsstoff, der so lange (verderblich oder heilsam?) in der politischen Welt wirkte, etwas mehr ins Innere zurükgezogen habe, um eben so grosse Ereignisse in der religiösen Welt zu bereiten. Die flache Nüchternheit, die, man möchte fast sagen, fleischliche Verständigkeit, und das frevelhafte Ringen, das Menschliche über das Göttliche zu erheben, scheint einerseits verlebt zu seyn und die Kirche allmählig wieder auf ein festeres Fundament gegründet werden zu wollen, als dasjenige seyn kann, welches blos in menschlicher Erkenntniß besteht; andrerseits aber hat eine Reihenfolge ungewohnter Ereignisse den Gemüthern eine Stimmung verliehen, in welcher sie begierig nach ausserordentlichen Reizmitteln haschen und deßwegen leicht sich Jedem in die Arme werfen, der solche darbeut, noch leichter aber dadurch, anstatt zu genesen, unheilbarer erkranken. Es ist auch früher schon beobachtet worden, daß nach schweren Drangsalen die Leute dem, der noch herbere Zeit verkündet, schaarenweise nachlaufen, und daß lange Leiden bei ursprünglich düsterer Stimmung einen gewissen Trübseligkeitsgenuß weken, in welchem der Mensch sich desto besser weidet, je lebendiger er sich eine kummervolle Zukunft vergegenwärtigen und dieselbe, so zu sagen, schon zum Voraus durchwimmern kann; was aber nur aus einer geistigen Abspannung und Kraftlosigkeit hervorgeht. Es ist überhaupt dem menschlichen Gemüth eigen, daß es Maaß und Ziel selten zu halten weiß, vorzüglich aber, daß es immer das Schlimmste besorgt. Unter hundert Gerüchten findet man das Jammervolleste am wahrscheinlichsten; bei Besorgnissen überläßt man sich am leichtesten der Bekümmerndsten, von einer unglükschwangern Zukunft ahnete man immer das Herbste, und die eingetretene Ruhe nach langem Ungemach, anstatt ihr Erquikendes zu fühlen, wird am liebsten mit der schwülen Stille verglichen, die einem heftigen Gewitterausbruch vorangeht, und nur mit ängstlichem Mißtrauen genoßen. Daher tratten Propheten mit Unglüksweissagungen am häufigsten nach langen Kriegsjahren, bei anhaltendem Mißwachs, in Theurung und Noth auf, und bald jeder Bezirk hat den seinigen; da bei Frieden und Ueberfluß niemand auf diese Weise an die Zukunft denkt. Eben so ist alsdann zu apocalyptischen Grübeleyen und Deutungen mehr Neigung, und mancher gemeine Mann weiß aus Propheten und Offenbarung Sachen herauszufinden, die ihm in Zeiten der Ruhe und bei vollen Kästen immer verborgen geblieben wären. Wer mit den Zeiten des dreissigjährigen Krieges bekannt ist, der wird nach keinen weitern Belegen fragen.

Auch für Volksredner und Sektenstifter sind das goldene Zeiten und der (sonst fluchwürdige, der tiefsten Verderbniß des menschlichen Herzens entsprungene) Grundsaz, daß Furcht die Götter erzeugt habe, findet wenigstens in so ferne seine Anwendung, daß gefährvolle und traurige Zeiten dieselben den meisten Menschen näher bringen. Sprechet, wenn Krieg obschwebet, oder eben das Land verheerte, von Mord und Brand; wenn Krankheiten umgeben und Manche wegraffen, von Pest und Sterblichkeit; wenn Theurung das Land drükt, von Hagel und Mißwachs; erhebet vor einem Haufen Armen Eure donnernde Stimme gegen den Reichthum; mischet in alles dieses etwelche „Wehe," einige Bußermahnungen und hie und da eine Drohung von noch grössern Plagen, und Ihr habt das bewährte Mittel, daß allerlei Volk und Leute herbeiströmen, schaarenweise Euch nachfolgen und die Macht Eurer Rede staunend preisen. Wenn Ihr dann noch im Stande seyd, diesem den nervum rerum gerendarum beizufügen, reichlich Geld, Speise, Trank den Bedürftigen zu spenden, (was freilich bisher noch sehr wenige Sektenstifter vermochten) so wird Eure Lehre schneller Wurzel fassen, üppiger aufschiessen und ihr Saame begieriger aufgenommen werden, als der des Evangeliums, der aber dafür schöner und dauernder ist. Es ist alles Jenes, wenigstens bis auf das Lezte, zu oft angewendet worden, als daß nicht geistliche Marktschreierei darin Grundlage eines gewissen Erfolgs finden und darauf ihr ganzes Wirken und Treiben bauen sollte. Daß dann die Menge sich mehrt, ist weder eine Folge der Wahrheit Eurer Rede, noch eines sich äussernden Bedürfnisses nach besserer geistiger Nahrung, als wie sie anderwärts gefunden wird, (wie man wohl, sich selbst täuschend, möchte vorgeben) sondern ein ganz natürlicher Gang der Sachen. Lauinenmäßig, von geringem Anfang, schwellt sich die Masse, sind erst nur Wenige angelokt — gleichviel wodurch — so loken diese auch andre, wenn nicht durch die gleichen Mittel — durch die Meinung, durch betäubende Macht des Beispiels, durch Ueberredung. Die Neugierde treibt Mehrere und ist endlich der Haufe groß, der Ruf weitschallend geworden, so sind Wenige mehr, die sich zurükhalten können, das Wunderding auch zu schauen, und wäre es nur, um mit mehr Fug darüber schwazen zu können.

Wem fällt hier nicht jener Spaßvogel ein, der einst auf dem

Marktplaz einer Stadt unverwandten Blikes zum Himmel aufschaute; dadurch einige Pflastertretter reizte, auch hinaufzusehen, um zu entdeken, was er wohl betrachten möchte; dann Vorübergehende durch seine Stellung anlokte; aus benachbarten Gassen die Strossenjungen zuzog; diesen nach einen Schwall ehrbarer Bürgersleute, Handwerker und Krämer, Weiber und Mädchen, alle mit himmelwärts gewendeten Bliken, Jeder suchend, forschend, den Nebenmann fragend, Keiner etwas sehend, Alle zulezt durch eine gellende Lache des Spaßvogels belehrt, ihre Neugierde seye geäfft. Wir wollen hiemit keineswegs meinen, daß hier die Leute auch so Spasses wegen geäfft werden; im Gegentheil, waren wir nicht überzeugt, daß die Sache eine sehr ernsthafte Seite habe, wir hätten nie die Feder ergriffen. Die Aehnlichkeit liegt nur in der Macht der Anlokung, daß, wie dort, auch hier Viele diese Straße wandeln, zu diesem Hause gehen, weil sie eine Menge Vorgänger sehen; daß auch zum Theil Mancher aufgafft, weil's der Nebenmann thut. Nicht nur das Volk von Rom, auch das von Bopfingen, ja jedes Orts, wo Leute sind, auf welchen wenig Geschäfte liegen, hat sein Panem et Circenses. Schwerlich ist aber einer zum Klaren gekommen, was hier eigentlich zu sehen seye, und was im Ernst fürs grosse Ganze gewollt werde, hat wohl noch Keiner erschaut, die am besten sich's abgemerkt, welche meinen, es seye aufs Aufsehen-erregen abgesehen. Wären aber hiezu die Mittel gleichgültiger, hätten solche Dinge weiter kine Folgen, oder wären die Zeiten, in denen sie geschehen (wiewohl sie durch dieselben bedingt sind, die Zeiten so zu sagen der Boden seyn müssen, dem sie entspringen) anders, so möchten sie hingehen, ohne daß weder Kirche noch Staat davon Notiz nehmen müßten; denn wie sie entstanden, würden sie auch wieder verschwinden, gehen wie kommen und keine Spur zurüklassen.

über die Zeiten, die Art und Weise wie's getrieben wird, machen es kirchlichen und weltlichen Vorstehern zur Pflicht, vereint solchen Experimenten endlich Schranken zu sezen und diese religiöse Alchymie, die nur zum Verderben andrer getrieben wird, ihren Adepten zu untersagen.

Bevor wir die höhern kirchlichen Gründe erwägen, aus denen dieses Wesen nicht kann geduldet werden, wollen wir einige staatische angeben, die ebensowohl darwider sprechen.

Man hat heut zu Tage das Polizeiwesen mit solcher scharfsinnigen Spizfindigkeit erweitert, ausgebildet und festgesezt, daß kaum irgend Etwas seyn dürfte, was demselben nicht unterworfen wäre, so daß es zum Ekstein eines jeden wohlgeordneten Staatsgebäudes geworden ist. Wie verträgt sichs nun hiemit, daß man eine aus allem Volk und Zunzen zusammengerafte Schaar unter dem Einfluß, ja unmittelbarer Leitung, eines fremden Weibs sich sammeln, hin und her ziehen, niederlaßen, aufhalten und so zu sagen einen Staat im Staat (vor welchem blossen Wort die neuen Staatsrechtler voll Entsezen zurükschaudern) sich bilden läßt, wo es ihr beliebt, da doch ein fremder Handwerksbursche ohne Wanderbuch und Kundschaft sein Gewerbe auch nicht einmal in dem armseligsten Dörfchen treiben darf? Wie verträgts sich mit bestehender Ordnung, daß irgendwo eine Sekte nach blossem Gutdünken, ohn' irgend eine Befugniß einen Gottesdienst übe und durch das Ungewohnte desselben das Volk aus der Nähe und Ferne herbeiloke, da auf Jahrmärkten kein Savoyarde sein Murmelthierchen, kein Schwarzwälder seine Spieluhr ohne polizeiliche Erlaubniß kann sehen lassen? Wie kann der Staat, der mit Recht wissen will, was und wie gelehrt werde, der solche, welche sich von Jugend an dem Lehramt gewidmet haben, und deren Fähigkeiten und Fleiß man Jahre hindurch beobachten konnte, dennoch prüfen zur Uebung des Lehramts ihnen erst nach erfundener Tüchtigkeit das Recht verleihen will (oder um Minderes zu nennen) der nicht einmal einen ungeprüften Baader duldet, nicht zugibt, daß einer auf seine blosse Faust Iln schröpfe und aderlasse, es dulden und zugeben, daß von einem fremden Weib eine Lehre verkündet und unter grossem Zulauf gepredigt werde, die von niemand geprüft ist, wovon man die eigentliche Tendenz nicht kennt, und die um so mehr Aufsehen machen muß, da allerlei irrdische und sehr weltliche Hülfsmittel den Kern der Jüngerschaft gebildet haben. Verträgt sich das mit der gepriesenen Ordnung, die man in unsern Zeiten in die Staatseinrichtungen will gebracht haben, daß jemand in demselben sich aufhalte, der einen eigenen Heerhaufen von allerlei zusammengerafften Leuten in seinem Sold halte, denselben durch Geldspenden mehre und durch Ernährung sich pflichtig mache, ohne daß man dessen Absichten kenne?

Wenn es gelungen ist, die medicinische Marktschreierei zu unterdrüken, soll dafür die religiöse aufkommen, die ungleich verderblicher, weil anstekender, ist als jene? Wir haben durch alle Zeiten hindurch, von den Gnostikern an bis auf die neuesten Erscheinungen in unsern Tagen, die Wirkungen derselben gesehen. Hat sich der Revolutionsschwindel, der so Manchen von seinem Ziel gerükt, so Manchen ins Elend gestürzt, aus Arbeitern manchmal politische Spekulanten oder belfernde Schreier gemacht hat, endlich legen können, soll nun ein religiöser Schwindel das Gleiche, aber in weit umfassenderm Grade, bewirken, weil er (was bei jenem nicht, oder selten, der Fall ist) auch Weiber und Kinder in seinen verzauberten Kreis hineinrafft.

Aber abgesehen von diesem: Und wenn überhaupt von dem raschen Umschwung der bürgerlichen Ordnung her die Köpfe noch wirbeln, wenn sich aus dem Widerspruch mannigfacher, unvorbereitet und ungesichtet auch unter das Volk eingeströmter Begriffe das Haltbare noch nicht völlig geschieden hat, wenn durch das seltene Zusammentreffen vielfältiger Drangsale die Gemüther noch besonders reizbar sind, aber zu gewarten ist, daß durch Festigkeit, welche die bürgerlichen Verhältnisse wieder gewonnen haben, die Köpfe allmählig wieder zur Ordnung kommen, die Gemüther durch freudigere Zeiten der geschlagenen Wunden nach und nach wieder genesen werden, kann dann eine Masse von Ideen, die sich dem Zeitalter, dem Volke gerade von seiner krankhaften Seite anschmiegt, und gerade zu der Zeit und auf die Weise unter dasselbe geworfen wird, in der es am empfänglichsten dafür ist, die gedämpfte Gährung nicht wieder anregen, oder durch andre hinzugefügte Stoffe eine neue erwirken, und muß es nicht einem Jeden, der endlich satt ist des Hin- und Hertreibens in ungewissen Systemen und der Umwälzungen, daran gelegen seyn, allen Zunder, den man dem Brennstoff nähern möchte, zu entfernen? Denn es sind nicht blos politische Mißverständnisse, welche Revolutionen weken können, sie können eben so gut Folge religiöser Mißdeutungen seyn.

Das heißt durch Kraft der Religion dem Volk in einer bedrängten Zeit zu Hülfe kommen, wenn man dasselbe tröstet, ermuthigt, festigt im Glauben und Vertrauen, seine sinkende Kraft hebt, sie stärkt zu dem Kampf des Lebens, immerdar es hinweist auf Den, von Welchem alle und in jeder Noth Hülfe. —

aber nicht wenn man die Zeitumstände, die Volksstimmung benützt, um den thörichten Haufen an sich zu loken, die Schwachen noch schwächer, die Verzagten noch muthloser zu machen und die Jammernden zum gänzlichen Verzweifeln zu bringen, und in eine trübe Gegenwart eine schwarze Zukunft mahlt. Wird der Landmann gerne seinen Pflug führen, wenn man immer Hagel verkündet, der Handwerker in seiner Werkstätte gutes Muthes arbeiten, wenn er nur von drohenden Strafgerichten hört, der Hausvater seinem Hauswesen vorstehen, wenn man immer von dem allernächstens einbrechenden jüngsten Tag predigt; wird überhaupt das so nöthige Vertrauen und Liebe zu Gott in die Gemüther gepflanzt, wenn man immer nur seine furchtbare Strafgewalt, die tremenda Majestas, in grauenvollen Zügen der Christenheit unter Augen stellt? Wie ganz anders haben ihn dagegen nicht Jene begriffen, die nur von Liebe und Gnade sprechen, und mit Freudigkeit des Geistes allenthalben diese hervortretten lassen.

Wenn dann durch solche finstere, schwarzgallichte An- und Aussichten die Köpfe Vieler verdüstert werden, wenn sie darüber die ebenso nothwendige, von Gott nicht minder befohlene, Fürsorge für ihr Hauswesen vernachläßigen, wenn sie in Erwartung so schreklicher Dinge, die da kommen sollen, in andern Pflichten saumselig werden, wen trifft am Ende der Nachtheil davon, als die bürgerliche Gesellschaft? die dann nicht nur Solcher Kräfte (1 Pet. 4, 10) missen muß, sondern der am Ende diese Verleiteten zur Last fallen. Die schönen Wirkungen der Zieben'schen Weissagung, um andrer frühern nicht zu erwähnen, sollten noch Manchen in lebhaftem Andenken seyn. Sollte die Lehre wirklich segensreich seyn, zumal für die grössere Volkszahl, so müßte eben so viel als vom Beten, auch vom Ar-

Ihr Erscheinen unter uns segensreich nennen, wenn Sie die

vergeudet werden, und wodurch ein verderbliches Beispiel des Müßiggangs und sträflicher Tagdieberei gegeben wird, verwendete zur Unterstüzung Bedürftiger, und die wohlwollende Rede begleitete mit wohlthätigem Werk. Aber davon haben wir noch wenig gehört, daß Sie zur Arbeitsamkeit ermuthige, und, nicht irrdische Gewerbsamkeit, aber gottseligen Fleiß unter der Volksmenge zu weken suche. Es heißt auch gutes Saamenkorn auf gutes Land gestreut, wenn man dem Armen Vergnügsamkeit predigt, zufrieden seyn mit seinem Loos, ihn aus einem höhern Gesichtspunkt dasselbe beschauen lehrt, und macht, daß er mit Gott und der Welt zufrieden seye. Aber statt solcher ächt evangelischen Lehre hören wir eher das Entgegengesezte.

Kann der Staat eine Lehre gleichgültig betrachten, die geeignet ist, bei den Armen (wenigstens!) eine Spannung gegen die Reichen hervorzubringen, und das in einer Zeit, wo die Armuth durch Theurung empfindlicher, verbreiteter, also Scheelsucht gegen Begüterte natürlicher ist? Kann solcher Saame nicht leicht einen Boden finden, worin er nur allzubald aufschießt, und, wenn nicht gefährlich für die Ruhe, doch störend für sie wird? Auch diese Deklamationen gegen die Reichen sind schlau berechnet für den Eingang bei dem Volk. Das kizelt seine Ohren, und es freut sich schon zum voraus unter seiner Bürde und bei seinen Arbeiten, da es auf eigene Faust von dem Gut der Reichen sich ungestraft nichts zueignen kann, über ihre einstige Verdammung. Ist aber das das heilsame Evangelium, das so ganz ohne Nachtheil auf den Dächern dürfte gepredigt werden? Das bisherige, gewöhnliche, darum aber freilich nicht mehr so viel Aufsehen erregende, Evangelium lehrte nur: „Daß man den Reichen dieser Welt gebieten solle, daß „sie nicht stolz seyen, nicht hoffen auf den ungewissen Reichthum, „sondern auf den lebendigen Gott, der dargiebt reichlich allerlei zu geniessen; daß sie Gutes thun, reich werden an guten „Werken, gerne geben, behülflich seyen, Schäze sammeln, die „ihnen selbst einen guten Grund aufs Zukünftige seyen.“ Auch lesen wir, daß die Reichen, eben so gut als die Armen, von Gott seyen, und daß beide unter einander seyn müßten, indem Gott alle gemachet habe. Das schmeichelt dann freilich den Armen minder, als wenn man sie die auserwählten Gotteskinder nennt. Haben sich aber überdem in der Noth der neuesten Zeit die Reichen insgemein irgendwo in unserm Vaterland so gezeigt, daß sie verdienten mit solchen fürchterlichen Strafpredigten angeschwärzt zu werden? Aber freilich war auch dies Mittel wirksam, wie manches andere, zumal wenn zu Verstärkung desselben noch allerlei Uebertreibung im Hinterhalt hütete. Konnte irgend einer eidsgenößischen Regierung Vernachläßigung ihrer Regentenpflichten gegen das darbende Volk vorgeworfen werden, ohne sich der schnödesten Unwahrheit schuldig zu machen, und dennoch hat man sich auch dieses, selbst in fremdem Land, zu verkünden, nicht entblödet. Man hat es durch Briefe erhärten wollen, wie mitten in christlichen Freistaaten, in der Nähe der Regenten, so zu sagen Angesichts der Reichen, Leute vom Hungertod hingerafft worden seyen, oder nur durch unnatürliche Mittel das kümmerliche Leben sich fristen könnten.

Wo Sie bewacht worden ist, und nicht allem Gesindel der Zutritt zu Ihr verstattet wurde, hät dennoch Ihr

Auf viele Bettler in ihrer Nähe gesammelt, in der Erwartung, reichlich Speise und Almosen zu empfangen. Sie sind getäuscht worden, indem nur Weniges gegeben werden konnte, Vielen gar nichts. Auf wen haben sie hievon die Schuld gewiesen? Auf die Landesregierung. Die Frau, sagten die Bettler, würde wohl gerne gegeben haben, wir hätten viel bekommen, aber die Regierung hat es nicht gewollt, man hat es uns nicht gegönnt, und wie dann Armuth uud Leiden immer über alles empfindlich sind, und allenthalben mehr Härte und Mißgunst finden, als in der That ist, so folgten diesem noch manche Bemerkungen, dergleichen wir wohl selbst auch gehört haben, und die zur Festigung des Vertrauens und der Anhänglichkeit an die Regierung wenig beitragen.

Ist mit dieser Lehre, wie einst mit der des Evangeliums, der Welt so ein neues Licht aufgegangen, ist sie vornemlich bestimmt ein Land zu beglüken, dessen einzige Wohlfahrt auf einklingende Uebereinstimmung zwischen Regenten und Volk und allen einzelnen Theilen des Vaterlandes gegründet ist, warum sucht Sie denn nicht vielmehr alles Widersprechende auszugleichen, allen Hader zu heben, allen Keim des Zwistes zu ersticken? Warum tritt Sie nicht auf in dem Gewand des Friedens; warum prediget Sie nicht Vertrauen und Dank der Regierten gegen die Regenten, warum lehrt Sie nicht Eines Sinnes seyn, alle untereinander. Wenn Sie das wollte, und das Ihr gelänge, dann würden wir gerne Alle um Sie uns sammeln, freudig würden wir horchen Ihrem heilbringenden Worte. Wir würden Sie im Triumphzug begleiten von einem Kanton zum andern, und gesegnet nennen die Stätte, wo Sie weilte. Wenn Sie aber sieht, daß die Belehrung, wie Sie sie bringen möchte, nirgends wohl aufgenommen ist, daß an dem einen Ort die weltliche Gewalt, an dem andern die Vorsteher der Kirche, hinwiederum auch wohl Beide vereint Ihr dieselbe verkümmern möchten, warum will Sie solche mit Gewalt einem unwurdigen Volk, einem verblendeten Geschlecht a u f z w i n g e n? Warum schüttelt Sie nicht den Staub von Ihren Füssen, und weicht von dannen, eher als sich gewaltsam dem Märterthum entgegenzudrängen. Gäb' es nicht Länder genug, die der Belehrung, der Besserung und des Lichtes mehr bedürften als die Schweiz, und die nähere Ansprüche an Ihre Gnadengüter zu machen hätten, als das fremde Land, dem Sie keine Verbindlichkeit schuldig ist, das Ihr für diesen Vorzug nicht einmal Dank weiß. Warum ist Sie nicht dorthin gegangen; wer hat Sie geheissen zu u n s kommen, um, so es möglich wäre, n e u e Wirren zu stiften? Aber schlau rechnete Sie darauf, daß hier ein Volk seye, aufgewekten Geistes, leicht empfänglich für religiöse Ideen, dürftig; ein zerstükeltes Land, nicht nach Einer Norm von Beherrschung verwaltet, wo, was auf dem einen Flek nicht geduldet werde, auf dem andern Schonung finde; Regierungen, welche ihre Amtsverwaltung noch mehr in dem biedern, einfachen Sinn der Altvordern, als nach den künstlichen Systemen der Neuern führen, und wo daher etwas, das nach der strengen schulgerechten Form heutiger Staatsverwaltung nirgends gelitten würde, Nachsicht und Duldung hie und da wenigstens für eine Zeitlang finden könne.

Sollte aber alles dieses von der Staatsgewalt übersehen werden, wie denn dort für subjective Ansichten und Meinungen mehr Raum bleibt, als in dem, was die K i r ch e anbetrifft, so ist es doch unerläßliche Pflicht der Geistlichkeit, welcher die Obsorge für diese anvertraut ist, zu warnen, entgegen zu tretten, alies anzuwenden, um solchem Unwesen Schranken zu sezen und die Staatsgewalt bei ihrer Schirm p f l i ch t gegen die Kirche zu beschwören, daß sie der zu Boden getrettenen Kirche und ihrer gehöhnten Lehrer sich annehme. Und wenn man die Kirche auch nur aus den allermodernsten Ansichten betrachtet, als ein blosses Staatsinstitut und Anhängsel einer guten Polizeiverfassung, so ist auch dann noch der Staat Schirm und Schuz schuldig. Oder gesezt, es würde ein unberufener Fremdling kommen, mit Helfershelfern, und verkünden, er wolle an irgend einem Ort Polizei handhaben, friedensrichtern, Recht sprechen, Streitigkeiten schlichten und dieses alles sogar nach Ordnung und Brauch des Ortes, an welchen er sich hinbegäbe, würde das geduldet werden, und würden diejenigen, deren Amt dieses alles bisher war, nicht klagen, daß ihre Ehre und Achtung, die ihnen auch d e r Bürger nicht versagen wird, welcher ihrer selbst niemals bedarf, spöttisch jedem Landläufer preisgegeben, mit Füssen getretten seye? Oder wenn jene Behörden (aus welchen Ursachen wollen wir nicht erörtern) solches über sich ergehen liessen, müßten sie sich damit nicht um den lezten Schimmer von Achtung bei andern bringen?

So weit wußte die Geistlichkeit sonst auch in der protestantischen Kirche nicht blos ihrer Rechte, i h r e r P f l i ch t e n, wahrzunehmen und so weit hatte sie sich des Schuzes immer zu freuen. Die Fortschritte des Jahrhunderts werden doch nicht so ungemessen seyn, daß die Kirche darüber rechtlos geworden seyn sollte, und daß der Staat bei dem Mindesten, was Jemand in irgend etwas, was ihn berührt, unbefugt versuchte, sein caveant Consules, ne quid respublica detrimenta capiat anstimmte, indeß in kirchlichen Sachen weder Ordnung noch Gränze wäre, sondern nach Herzenslust jeder auftretten könnte, und somit nicht eine b e s t i m m t e, von der herrschenden Form der Gottesverehrung abweichende, sondern insgemein die Kirche blos geduldet würde. Doch hierauf kommen wir nachher wieder, und faßen zuerst das Wichtigere ins Auge.

Der Geistlichkeit, welche der HErr gesezt hat zu Hirten und Lehrern, soll es daran gelegen seyn, daß das Evangelium in seiner Lauterkeit verkündet, das Volk nicht irre geleitet, das Lehramt nicht leichtsinnig und unberufen geübt werde, zumal es klar gesagt ist: „Unterwinde sich nicht Jedermann Lehrer zu seyn.“ Es festigt die Achtung für die Kirche und das Lehramt nicht sonderlich, wenn ein Mensch eine Zeitlang irgend ein Gewerbe getrieben und dann, weil ihm daßelbe nicht gefiel oder es damit nicht glüken wollte, sich in aller Hast mit ein wenig Kenntnissen tingirt, den geistlichen Rok anzieht, und meint, er seye nun tüchtig — wo nicht eigens berufen — die Heerde des HErrn zu weiden. Aber wenn wir eine Schaar Fremdlinge auftretten sehen, die ihren Lehrberuf weder durch Kenntnisse, noch weniger durch Sittlichkeit, sondern einzig und allein durch ein Geschik das Volk an sich zu loken, zu täuschen und „die Weiblein gefangen zu führen“ beurkunden, dürfen wir dann nicht in gerechtem Unwillen ausrufen: Domine in quæ tempora nos reservasti? und haben wir nicht Ursache mehr als je zu bäten: „komme deiner Kirche zu Hülf' und entlade sie alles Ueberdrangs, Spotts und Tyranney.“

Auch die helvetische Confession sagt es ausdrüklich: „Niemand „soll die Ehre des Kirchendienstes ihm selbst anmaaßen, das ist: „selbst laufen und durch Mieth und Gaben oder Praktiken und ei„gens Gefallens und Gewalts an sich bringen“ — und: „wenn auch zwar alle Christen Priester seyen, so seyen doch nicht alle Diener der Kirche.“ Welcher Wirrwarr entstünde nicht, wenn jeder Erste Beste, darum weil er einen warmen Kopf, ein für religiöse Wahrheiten empfängliches Herz, ein glaubensfreudiges Gemüth besizt, nach Gutdünken auftretten, lehren, Jünger sammeln, eine fahrende Kirche und Gemeinde stiften könnte? Eben so gut könnte sich der Phantast, der das Widersprechendste zusammenreiht, das Richtigste verkehrt, das Klarste verdunkelt oder in schillerndes Licht sezt, das Abentheuerlichste verkündet, aufwerfen und nicht nur würde auch er seine Gemeinde finden, eine Kirche stiften, nein, ein solcher würde fürwahr in unserm Zeitalter am meisten Beifall finden. Wenn die kirchliche Verfassung zur wahren Ochlokratie werden sollte, so würde der Hizkopf dem warmen Kopf den Vorrang abgewinnen und nicht um den, welcher die Lehre mit Ueberzeugung, innerer Kraft und ruhigem Ernst vortrüge, sondern um den tapfersten Schreier, vornehmlich aber um den ungebehrdigsten Winsler würde alles sich sammeln. Wir wollen nicht wiederholen, durch welche Künste man alle Stuffen von Volk an sich loken kann, aber meint dieses Volk alles Rangs, weil Mancher Stöhnen und Aechzen, solches Winseln und Wimmern, dieses stete Hinstreben auf Effektmachen, als seiner und seines Berufes unwürdig hält, ihm gehe Wärme, Eifer, und Ueberzeugung ab, oder dieses sey nur das Eigenthum derer geworden, die sich selbst zum Lehramt aufwerfen und Trabanten oder Anhänger einer fahrenden Kirchengesellschaft seyen? Allerdings ist die Lehre Gemeingut aller Christen, aber muß es deßwegen auch das Lehramt seyn? Man weiß wohl, daß die Fürsprecher dieses ganzen Wesens oder Unwesens in schnöder Entweihung die heiligen Apostel und ersten Lehrer der Kirche entgegenhalten werden, aber sie thun fürwahr besser hievon ganz zu schweigen, und um sich diese ihre Apostel in dem Schimmer ihres Lehrerglanzes zu denken, das Uebrige auf sich beruhen zu lassen. Wenn sie aber darauf beharren, daß es keiner Wissenschaft, keiner besondern Widmung bedürfe, daß jeder Christ nach Gutbefinden und innerm Trieb (wie bei den Quäkern) auftretten und lehren, ermahnen, erbauen könne, ja vor denen, welche sich von Jugend an für das Lehramt eigens bereitet haben, sogar den Vorzug verdiene, so möchten wir Solche fragen: wie es denn komme, daß bei der Kirche des zweiten, dritten und vierten Jahrhunderts, die den apostolischen Zeiten an Jahren, an Glauben und an kirchlicher Verfassung so viel näher war, als die unsrige, diejenigen Lehrer, welche sich dem Amte besonders gewidmet, und sich, so wie durch Herzens- also auch durch Geistes-Vorzüge ausgezeichnet, hatten, daß ein Clemens von Alexandrien, ein Justinus der Märtyrer, daß nachmals ein heiliger Hieronymus (um einen zu nennen der im Christenthum gebohren und als Christ seine Kenntnisse sich erworben) so ganz vorzüglich in hoher Ehre und Auszeichnung gestanden seyen? Und wenn schon in neuern Zeiten Manche durch grosse Gelehrsamkeit dem Christenthum gar schlechte Dienste bewiesen haben, weil der Stolz den Geist der Liebe verdrängte, so glauben wir doch, daß es nicht viel mehr gewinnen würde, wenn das Lehramt nur nach vermeintem Zuken des Geistes ohn' alles Weitere ertheilt würde.

Nun aber soll sogar an ein Weib das Lehramt (und in welchem Maaße?) übergegangen seyn. Wir erinnern an das bekannte: Mulier taceat in ecclesia, nur deswegen, weil es beweist, wie streng die alte Kirche darüber hielt, daß das apostolische Gebott hierin nicht übertretten werde. Sonst wollen wir weiter keine Kirchensazungen, sondern einzig den klaren, zweimal wiederholten, Ausspruch des Apostels, nicht zu dulden, daß in der Kirche, oder in kirchlichen Dingen, ein Weib lehre, zum Grund legen. Ausdrüklicher und bestimmter als an den H. Timotheus (I, 2. 12.: „einem Weib gestatte ich nicht, daß sie lehre") verbietet es der Heilige Paulus in dem ersten Brief an die Corinther XIV, 34. 35.: „Eure Weiber lasset schwei-„gen unter der Gemeinde, denn es soll ihnen nicht zugelassen „werden, daß sie reden, sondern unterthan seyen, wie auch „das Gesez saget. Wollen sie aber etwas lehren, so lasset sie „daheim ihre Männer fragen. Es stehet den Weibern übel an „unter der Gemeinde reden.“ Was wollen wir hiegegen sagen? oder wie können jene Gottesfürchtigen, die in der That (wie alle Christen sollen) die H. Schrift zur einzigen Richtschnur ihres Denkens und Handelns nehmen, ihre Verehrung gegen ein in ihren Augen vermeintliches Werkzeug Gottes, das aber ein Weib ist, mit diesen so klaren Stellen des göttlichen Worts in Uebereinstimmung bringen? Wie kann einer, der die H. Schrift kennt und als höchstes Gesez anerkennt, hingehen zu hören, was ein Weib spricht, in der Meinung sie lehre? Deswegen kann es auch der Geistlichkeit keineswegs gleichgültig seyn, daß durch ihr Stillschweigen und Zusehen zu solchen Dingen das Wort der Wahrheit gebrochen werde.

Weiter erfordert es die Fürsorge für das Wohl der Gläubigen, daß die Geistlichkeit aller Orten unverdrossen und im Bewußtseyn dessen, was ihr obliegt, jedes Mittel in Bewegung seze, um, jeder seines Orts, von der ihm anvertrauten Heerde solches unziemliches unzeitiges Lehren abzuwenden. Die Kirche hat den Lehrbegriff festgestellt, er soll unverändert bleiben. Demselben zufolge soll Keiner lehren, seine Lehre seye denn geprüft. „Es soll, sagt die helvetische Confession, nicht Jeder erwählt „werden, sondern Männer, die geschikt und tauglich sind, „recht gelehrt und geübt in heiliger Schrift, wohl und recht, „auch gottseliglich beredt.“ Wenn aber das Volk hin und her zieht, und ihm „Lehrer aufladt, je nachdem ihm die Ohren jüken“ so wird es nachmals „die heilsame Lehre nicht mehr leiten" können. Worte, verworrene Begriffe, blosse Gefühle, auf keine Ideen gestüzt, tretten an die Stelle des Glaubens und ächt evangelischer Lehre. Und gesezt, die Lehre werde nicht so sehr gefährdet, so werden sie denn doch dieselbe in dem Gewande vorgetragen haben wollen, wie sie sie bei den Wunderfremdlingen fanden, und wenn es nicht so ist, so werden sie seine Aechtheit, seine Wirksamkeit, selbst die Festigkeit und Ueberzeugung des Lehrers bezweifeln. Da das Neue, Ungewohnte, Seltsame immerdar die Gemüther der Menschen mehr fesselt, als das lang Bekannte, Gewohnte, so werden sie nach jenem immer Verlangen haben. Hierin liegt der Keim zu Spaltungen in der Kirche, der Saame zu Sekten unter den Gläubigen, der Grund zu mannigfachem Hader unter den Einzelnen, die Quelle eines immer grössern Verfalls des Glaubens. Denn diese aus vermeinter grösserer Wärme erfolgten Trennungen dienen wahrlich der guten Sache eben so wenig, als jene Lauigkeit, mit welcher sie von Manchem betrachtet wird. Wenn jeder sich seine eigene Kirche bauen, seinen eigenen Gottesdienst führen, abgesondert den HErrn verehren will, darum weil er sich überredet, es geschehe im allgemeinen nicht, wie es sollte, so untergräbt er das Gebäude des Heils eben so gut, als derjenige, welcher offen dagegen zu Felde zieht. Es liesse sich, wenn es der Raum gestattete, Vieles hierüber sagen und darthun, wie eben in dem Maasse, in welchem man an solcher Winkelgottesverehrung Theil nimmt, die allgemeine, öffentliche immer mehr Noth leiden müsse.

Wie kann die unsichtbare Kirche Gottes, die Religion, Christenthum, das Höchste und Heiligste gefördert werden bei einem wandernden, allenthalben zur Schau getragenen und als Schauspiel betrachteten, Gottesdienst, bei welchem das geistliche Wesen getrieben (wir möchten fast sagen die Predigtbude aufgeschlagen), bald in einer Gemeindstube, bald in dem Tanzsaal eines Wirthshauses. Ist denn die Frivolität unsers Zeitalters so unbegränzt, sind wir denn so bodenlos versunken, ist das Gefühl für Anstand bei dem Heiligen so ganz in Trümmer gegangen, daß man es als eine duldbare, ja vielleicht noch heilsame Sache betrachten mag: beten, singen, Gott verehren, Heilswahrheiten verkünden an Orten, unter Umgebungen, in Verhältnissen, die, wenn nicht so Viele geistlich siech lägen, wahrlich keinen, der weiß was Andacht ist, keinen Christen erbauen können, sondern vielmehr tiefen Unwillen in Jedem rege machen müßten. Hätte man, daß es so weit kommen könne, unsern Vätern, hätte man es nur vor 25 Jahren gesagt, man wäre als Lügner verlacht worden; hätte man es aber versucht, nicht acht Tage wäre es getrieben worden, da es jezt schon Jahr und Tag währet.

Die Eingenommenen sagen: nichts als lauteres Evangelium wird verkündet; was gesagt wird, ist voll Salbung; wer sein Herz erheben will, der kann u. s. w. Ey! Ey! wenn man sogar gegen das Evangelium predigte, wenn man sein Wizspiel mit dem Gesagten triebe! Aber mangelt es der Frau von Krudener so sehr an Menschenkenntniß, und zumal der dermaligen Menschen (wer würde das glauben?), daß sie nicht wissen sollte, daß das ganze Wesen wie Sie's treibt, nicht geeignet seyn kann, das Höchste und Heiligste in unsern Tagen zu fördern. Man kann auf diese Weise wohl Aufsehen erregen, Sekten stiften, Weiblein verführen, kranke Gemüther noch kranker machen, aber dem Christenthum, dem Evangelium damit dienen, das kann man nicht. Kennt sie die Welt so wenig, um zu wissen, daß sich das Heilige, wenn es nicht soll zum Gespötte werden, vor der Welt verbirgt und daß man es nicht in der Nähe der Stadt zu einem wahren Spektakel für alle Arten Schaulustiger macht. Wessen Betragen nicht Rolle ist, der hütet nicht vor einer Volksmasse, von welcher er weiß, daß ihr in dieser Stunde keine Stimmung fremder ist, als die der Andacht, und daß der gröste Theil derselben wegen nichts weniger gekommen ist, als um sich zu erbauen. Weißt Sie nicht, daß die meisten Menschen, die zu ihr kommen fast in gleicher Gemüthsstimmung kommen, wie man sich irgendwohin verfügt, um in ein Theater zu gehen, einen Seiltänzer zu sehen, mechanische Kunst- und Schaustüke zu begaffen, aus der gemeinsten Neugierde, in der Absicht durch etwas Seltsames einige Stunden sich zu vertreiben.

Eine Gesellschaft lustiger Brüder zieht hin, es ist ein Anlaß einen Nachmittag zu verjubeln; unter vielem Spott kommen, unter noch grösserm gehen sie; in eben dem Sinn, mit welchem sie von den Wirthsmädchen sprechen, reden sie im Heimkehren von dem Gehörten. Glüklicher Weise ist der Wein theuer, des Geldes wenig, sonst möchten wir manchen Spuk hören, von diesen kirchlichen Wirthshausversammlungen. Ueberhaupt, wie reimt sich der Bierschild mit dem Gebetbuch, die Kneipe mit Gottes Haus, die Predigt des Evangeliums mit der lustigen Trinkstube? Wir wissen wohl, der Allerhöchste wohnt nicht blos in Tempeln mit Menschenhänden gemacht; aber es soll doch ein Unterschied seyn zwischen der Stätte, da man ihn verehrt, und dem Orte dahin man um zeitlichen Vergnügens willen kommt. Der Mensch heiligt wohl den Ort, aber eben so gut auch der Ort den Menschen.

Es geht ein Ungläubiger hin, er wird, indem das Heilige mit

Mährchen verbrämt, unter allerlei Abgeschmaktheiten vorgetra-

Wiz und Spott. Sage man nicht, über den eigentlichen Kirchengottesdienst könne man ebenfalls spotten; es mag seyn; aber die welche dieses thun, gehen nicht hin, oder vereinzelt, statt daß sie hier auf einem gemeinsamen Sammelplaz alle sich finden und öfter gehen. Die Klugheit gebietet dort stille zu seyn, und endlich drängt die Umgebung, der Ernst der Sache doch zum Mindesten Schonung ab, da sie hier gerade auch den Ernstern zu allerlei, selbst oft unziemlichen, Bemerkungen drängt.

Der Wankende, Unentschiedene geht hin, hier wird er gewiß nicht gefestigt. Wenn der Vortrag der Frau selbst ihn anziehen möchte, so stößt ihn das Betragen, die Reden, die abgeschmakten Vorgebungen der Helfershelfer zurük. Diese Gebetserhörungen, diese vorgeblichen Gnadenwirkungen, alle diese Wundersachen, womit man Leichtgläubige fängt, Schwache übertolpelt, haben auf Viele gerade die entgegengesezte Wirkung. Oder findet man hier jenen Ernst und jene Würde, welche allein im Stande sind zu gewinnen und zu bestimmen, daß der Mensch den bessern Theil erwähle?

Der Ernste, welcher weißt „an wen er glaubt" und was er glaubt, läßt sich vielleicht auch hinreissen zu gehen, meint Erbauung zu finden und findet Aerger. Er sieht sich in einem Gewirre, wie auf einer holländischen Kirmeß, auf einem Jahrmarkt und die Stimmung der Umgebung nicht viel besser. In dieses Spiel, das mit dem Heiligen getrieben wird, kann auch er hingerissen werden, wenn nicht ein edler Ingrimm sein Gemüth erfüllt, und wie ein schüzender Schild ihn bewahrt.

Junge Leute gehen hin; — für alle, aber zumal für solche,

welche bestimmt sind, einst Diener der Kirche zu werden, ist dieses ein bedenklicher Gang, eine gefährliche Nähe. Das ist eine süßklingende Sirenenstimme, welche sie verlokt, daß sie ihres Weges nicht wandeln, ein flimmernder Irrwisch der sie von dem Pfade der Wissenschaft und richtiger Gottesgelehrsamkeit verführt in Moor und Sumpf phantastischer Gebilde. Gerade wenn das Herz solcher Jünglinge wärmer schlägt für alles, was das Gemüth anspricht — wie wir denn solches von ihnen verlangen; — wenn sie Phantasie haben, ohne welche der Mensch ein dämischer Fleischkloz ist, gut genug zu einem Meister Gumprecht, aber nicht erwählt, das heilige Licht des Glaubens, das Feuer der Wissenschaft zu wahren; wenn sie in jugendlicher Wärme auch von dem was flimmert und funkelt leicht ergriffen werden, so können sie meynen, hier das Wahre gefunden zu haben, weil das sonderbare Getreibe ihnen höheres Wesen zu seyn scheint, weil ihre Gutmüthigkeit die falsche Münze von der ächten nicht zu scheiden weiß. Wer kennt nicht den Eindruk den die Macht der Rede auf leicht bewegliche Köpfe hat. Wohl kennt auch Sie ihn, darum legt Sie's darauf an, mitten unter der Menschenmenge solche Leute, bei denen sie Empfänglichkeit vermuthet auszuzeichnen, an sie sich besonders zu wenden. Sie weiß es, daß Sie des Eindruk gewiß ist. Wenn denn der geistige Lebensweg der Jünglinge diese Richtung nimmt, den er dadurch leicht bekommen kann, was ist für sie, was ist für die Kirche gewonnen, als daß sie verkommen von dem was den Geist bildet, das Herz festigt und unter bildlosen Nebelgestalten sich herumtreiben, über der sie die Welt verkennen und für alles fruchtende Wirken verlohren gehen. Wir sind auch nicht dafür, daß der Mensch durch das alleinige Vorherrschen des Verstandes Farbe und Wärme verliere und einzig Bewegung behalte, auch wir wollen den innern Sinn, aus dem ein tieferes Leben quillt, bewahrt wissen; wir erkennen, vielleicht mehr als irgend Einer, die Poesie der Religion, welche sich durch alle Exegetik verflüchtigt, wie unter dem Scalpell des Zergliederers die Schönheit der Menschengestalt zerfezt wird; aber daß man daraus nur von einigen Ideen, und meistens gerade von den Trübsinnigsten, sich umhüllen lasse, das hindert die Brauchbarkeit fürs Leben, die doch auch nicht darf bei Seite gesezt werden.

Wenn denn aus Anlaß ihres Gesangs, ihres Gebets ihrer erzählten Wundersachen, das Evangelium, der Name, vor welchem alle Knie sich beugen sollen, die evangelischen Wunder, das Vertrauen auf Gottes Gnade, die heilige Feyer des Gebets, der Gegenstand allgemeinen Gespräches in Gesellschaften, Weinschenken und Kneipen wird, wie groß kann nicht die Entweihung, wie nicht zu berechnend der Schade werden, da aller Welt Ohren solches hören, alles hingerissen wird mitzusprechen. Auch die ernsteste, mit noch so viel scheinbaren Gründen unterstüzte, Gegenrede, selbst das wuthendste Faseln des Feindes kann nicht so nachtheilig wirken, wie wenn das Heilige mit Mährchen und Schnurren zusammenstellt wird, daß der Spott oder die Bosheit keine Scheidelinie läßt. Auch hier gilt, was beim Irdischen: unzeitige Schmeichelei ist meistens nachtheiliger, als offener Tadel und wenn jenes bekannte Wort: vom Erhabenen zum Lächerlichen ist nur ein Schritt, irgendwo Anwendung verdiente, so wäre es hier. Wir möchten es nicht gehört haben zu welchen Reden und Bemerkungen sie Anlaß gab, und gewiß sind dabey immer Viele, welche die Missgestaltung von dem Wesen nicht zu unterscheiden wissen. Darum achten wir dafür, daß Gottesdienst ohne Würde, weder derer, welche ihn leiten, noch derer, welche ihm beiwohnen, daß von Heilswahrheiten zu sprechen, ohne Weihe, daß irgend etwas, was das Heilige berührt, vorgebracht ohne Ernst, und zwar auch der Umgebung, keinen Anspruch auf

Duldung und Schonung machen könne. Mag man es auch gut meinen, auch Gutmüthigkeit, wenn derselben Einsicht und Umsicht abgeht, kann Schaden stiften, wie unzeitiger Eifer sowohl, als unverantwortliche Nachsicht.

Jene, welche ungeachtet des Aergers, der andre über dieser Entweihung, Gemeinmachung des Heiligen befällt, ungeachtet manche Einsichtsvolle in der ganzen Sache gar wenig besonders Ausgezeichnetes, der Aufmerksamkeit Würdiges, und dieses Wenige noch mit so viel Gemeinem, Unziemlichem, ja selbst Zurükstossendem vermischt gefunden haben — jene Schwachen, geistig Kranken, Verblendeten, Leichtgläubigen, machen dann Wunders was aus den schönen Reden, die sie gehört haben, aus den erbaulichen Lehren, die verkündet werden, aus dem Herzergreifenden, das man das zur Schau gibt. Daß sie die Gewandtheit mit der man der Gemüthsstimmung und der Denkungsweise eines Jeden beizukommen weiß, und ihn zu fesseln versucht, übersehen, dessen ist sich nicht zu verwundern, aber daß sie christlich, einsichtsvoll, verständig seyn wollen, und nicht einmal überlegen, daß schöne Worte, daß alles gut Gedachte oder Gesagte, daß etwas mit Wärme Vorgetragenes seinen Werth verliere, wenn es fast täglich einem wechselnden Volke vorgetragen wird, das wirft auf solche ein sonderbares Licht. Hier ist es gerade das umgekehrte Verhältniß als bei den Geistlichen, welche einer Kirche vorstehen. Bei diesen bleibt das Volk, aber der Vortrag wechselt, dort bleibt der Vortrag und das Volk wechselt. Auf wessen Seite der Gewinn seyn müsse, ist leicht zu berechnen, wenn man bedenkt, daß auch der Blödeste einmal in seinem Leben einen guten Einfall gehabt habe, dem Ungeschiktesten einmal etwas gelungen seye und auch der Kälteste über einen Punkt warm werden könne, und dann wenn er wechselnden Hörern oder Beschauern den Einfall wiederhole, das Gelungene zeige, über den Punkt eintrette, er von manchen, die vorübergehen und nicht wieder kommen, für geistreicher, verständiger, wärmer gehalten werde, als Andre, weil den Geist in stets gleicher Steigerung zu erhalten unmöglich ist.

Wenn (um wieder auf etwas zu kommen was auch schon ist berührt worden) wenn die Geistlichkeit, wo es seye, gegen diese Apostolin und ihr Lehrwesen nicht insgesammt auftritt, Obrigkeiten, Gemeinden, Gläubige ermahnt, beschwört, unversucht nichts läßt, Einer für alle und alle für Einen ihr Ansehn und ihre Rechte, vertheidigt, so können wir dieses einzig erklären aus dem Mangel an innerm Zusammenhang des Standes, aus Gleichgültigkeit, mit welcher die Würde, Rechte desselben von Manchen betrachtet werden, aus Mangel an Wärme und Eifer wider alles, was denselben beeinträchtigen kann, aus Furcht ein Wort zu sprechen, das mißfallen könnte, aus einer gewissen Trägheit, die nur dann in Bewegung gesezt wird, wo es Realien, Pfründe und Einkommen, nicht aber, wo es eine grosse herrliche Idee gilt. Wir sind gewiß noch nicht so ferne von der Zeit, worinn dieser Stand insgesammt aufgetretten seyn würde, mit Feuer und Kraft gesprochen hätte wider diese Verunglimpfung und vereint, (was bei den Einzelnen Thorheit wäre) lieber alles aufs Spiel gesezt hätte, als auf diese Weise sich niedertretten lassen. Aber freilich weil der Lehrbegriff subjektivem Gutachten immer mehr weichen muß, weil Niemand mehr weiß, was kirchliche Verfassung ist, weil der Kirche Einheit fehlt und es bald so viele Confessionen als Kirchengebäude giebt, weil fast nirgends mehr der Sinn zu finden ist, der die Kirche als grosses Ganzes über alles sezt, darum kann solcher Unfug nicht nur aufkommen (wir sehen wohl auch anderwärts Manches sein Haupt erheben, aber alsbald wieder sinken) sondern angehemmt sein Wesen treiben; darum möchten wir fast darinn den Vorboten grösserer Verwirrung und vielleicht ernstern Kampfes, wenn nicht einer gänzlichen Zertrümmerung der Kirche, ahnen. Hier sehe wer Augen hat zu sehen.

Doch Furcht hievor liegt fast ausser den Zeitbegriffen, darum wird was aus diesem Sinn gesprochen ist, von Wenigen gehört, von Wenigern verstanden. Empfindlicher ist Jeder für seine eigene Ehre, und man wird eher gehört werden, wenn man sagt, diese seye gefährdet, dieser zu nahe getretten worden, was diese verleze, müsse nicht gelitten werden, als was die Ehre des grossen Ganzen betrifft. Auch von diesem zweiten Standpunkt, auf welchem die Rede zur oratio pro domo wird, können wir die ganze Erscheinung als etwas, was die Geistlichkeit nie so gleichgültig hätte sollen hingeben lassen, darstellen. Dadurch daß ein Weib unberufen auftritt, das Evangelium (angeblich lauterer, eifriger, besser) zu verkünden, allerwärts zu lehren, wo es ihr beliebt, und das eitle Volk an sich zu loken, straft sie die Geistlichkeit, wohin sie kommt, Lügen, klagt sie faktisch der Untüchtigkeit oder der Verwahrlosung ihres Amtes an. Wie weit müßte es nicht mit einem Stand gekommen seyn, wenn er so etwas gutwillig über sich ergeben lassen könnte; denn entweder ist schon vor ihrem Erscheinen das Christenthum in seiner Reinheit gelehrt worden, dann bedurfte man ihrer nicht — weil sie aber behauptet, daß dieses nicht geschehen seye, so mußte es denen, welche es bisher lehrten, am Willen oder an Kraft gemangelt haben, dasselbe zu verkünden, wie hätte geschehen sollen; sie waren und sind in beiden Fällen nicht tüchtig. Wer diese Angriffe auf sein moralisches Leben nicht fühlt, der muß eine Brust haben „mit dreifachem Erze umpanzert.“ Auch auf diese Weise kann sie den Frieden stören, durch unzeitiges, nutzloses Gewirke. Wie oftmals in Kriegszeiten ein unberufener Fremdling ins Haus kömmt und wieder geht, aber den Frieden der Ehe trübt, so kann auch da, geblendet von den Reden der gewandten Frau, mancher Schwache, mancher Einfältige das Vertrauen zu seinem Seelenhirten verlieren, zweifeln an dessen Glauben, Eifer, Tüchtigkeit. Kann er nicht, verführt durch dieses Neue, Seltsame, Ungewohnte, in der Einfalt seines Herzens wähnen, solche Gottseligkeit finde er zu Hause nicht; das was in grosser Keckheit, mit so vielem Wunderbaren, Ausserordentlichen vermischt seye, müsse ein ächteres, heilsameres Christenthum seyn, als das, welches schlicht und recht im einfachen Gewande ihm sich darstellt. Wir haben solcher verunglimpfender boshafter, verlogener Reden genug gehört; und weil manchmal Leute, die in der Gesellschaft oben stehen, (wenigstens durch die Zufälligkeiten der Weltverhältnisse) dieselben führen, so meinen manche, mit welchem Rechte man allenthalben die innere Würde eines Standes antasten könne, der doch durch Lehre und Wandel größtentheils zu den achtbarsten darf gezählt werden. Dann verbirgt sich hinter diesem vermeinten Schild alles, was demselben entgegen ist: der Staatsmann, der ihn als nutzloses Geräthe betrachtet, der Findungskünstler, der an seinem Gehalte herumklaubt, der Wizling, der sich immer freut ihn mit seinem Spott zu übergiessen, der, welcher gleichgültig ist gegen den Beruf desselben, also auch gegen ihn. Jeder will dann den Eiferer machen für die Sache des HErrn, und sich selbst eine Wärme anheucheln, von der im Grund nirgends ein Funke zu finden ist, und regt man

man stille, so meinen sie, man wisse nichts zu entgegnen,

Wenigstens würden wir keinem Geistlichen Glük wünschen dürfen, aus dessen Gemeinde Viele Jünger dieser wandernden Kirchengemeinschaft geworden wären. Es wird also dadurch nicht blos die Ehre der Geistlichkeit auf's Schnödeste angetastet, auf's Bitterste gekränkt, auch ihre Wirksamkeit kann auf's Herbste verkümmert werden. Sollte man nach den Aeusserungen dieser Frau, und nach ihrem Bestreben nicht meinen, das Salz der Erde wäre dumm und nichts mehr nüze? Und wenn sie sich dann gar öffentlich rühmt, Geistliche, gegen deren Glauben und Wandel niemand bisher den mindesten Zweifel hegte, bekehrt zu haben, wer würde nicht wähnen, alle wären Heiden und Zöllner, und keiner mehr würdig zu dem Werke des HErrn, er habe denn von ihr die Weihe erhalten.

Nach diesen Aeusserungen dürfte die Frage, ob auch solche, die dem geistlichen Stande angehören, unbeschadet ihres Amtes, zu ihr sich begeben könnten, bereits beantwortet seyn. Da aber auch diese sich vergessen haben (wir wollen nur an den Kanton Aargau erinnern) und hintangesezt ihre Würde, und ausser Acht gelassen, was sie der Kirche, der Gemeinde, ihren Amtsbrüdern schuldig gewesen, so mögen auch hierüber (wiewohl ungern) ein Paar Worte gesprochen werden.

Sehen wir Geistliche dieser Frau zu Füssen sizen und bei ihr Belehrung, Erbauung, Licht suchen, sehen wir solche, welche Gemeinden vorstehen sollen, und den Gottesdienst führen nach einer allgemeinen kirchlichen Vorschrift, unter diesem Haufen, in Gegenwart hundert unberufener Schaulustiger nach Ihrer Weise Gott verehren, auf Ihren Wink zur Erde fallen, nach Ihrem Vorgang die Hände zu Gott erheben, und dieses alles, als wenn das gar nichts auf sich hätte, ja im

Gegentheil, als wenn sie erst jezt wüßten, wie man Gott im Geist und in der Wahrheit verehren müsse, — dann stehen uns nicht die Haare zu Berge bei dem Gedanken, wie weit es mit Kirche, Lehrbegriff und Verfassung gekommen seye? Denkt ein solcher nicht, er höhne sich und seine Mitbrüder? Ist er aus Neugierde gegangen, so ist er strafbar, weil ein Geistlicher über solche Neugierde soll erhaben seyn, und nicht von jedem Wind sich darf hinreissen lassen, und nicht durch seine Gegenwart dieser durch Schaulustigkeit das Heilige entweihenden Menge einen Entschuldigungsgrund darbieten darf. Nie soll überhaupt das Heilige Gegenstand der Neugierde werden, es ist zu zarter Natur, als daß es dann nicht gleich bereit wäre, das Herz des Menschen zu verlassen *). War es ein Zug des Geistes, der ihn hinriß, so müssen wir ihn bedauren, daß er so weit seines Weges verkommen ist, aber eine Ahndung von Seite der Kirche oder derer, welche derselben vorstehen, verdient er doch. So weit sollte jeder seinem Charakter getreu bleiben und erkennen, daß er an etwas, was seine Würde und sein moralisches Wesen aufs empfindlichste kränkt, keinen Antheil nehmen dürfe. Man kann keinem Individuum eine Ueberzeugung aufdringen, keinem vor seinem hellern Licht seyn, ächte oder vermeinte, bessere Einsicht vorenthalten, aber fordern darf man, daß Jeder bei etwas, was seines Amtes nicht ist, seinen Vorwiz lasse, ferne bleibe, wo vielleicht wohl der

---

*) Aus diesem Grund kann es der Verfasser auch nie billigen, wenn zu den höchsten Festen der katholischen Kirche (man verzeihe die Zusammenstellung) aus benachbarten protestantischen Orten eine Schaar Gaffer sich hinbegeben zu Störung der Feyernden; noch weniger wenn die Jugend hingeführt wird — n i e mit Gewinn für das Heilige in derselben.

Mensch, der Bürger, nicht aber der, welcher einem bestimmten Stand angehört, erscheinen darf.

Auch das legt den Grund zu einer Spaltung. Denn wenn man da die Weihe davon trug, wie kommt's, daß andre dieselbe nicht auch empfangen wollen? Wenn andre ohne dies tüchtig und würdig sind, ja wohl glauben, von diesen neuen Sachen absichtlich sich ferne halten zu müssen, mangelte dann Jenem zuvor die Tüchtigkeit? Oder was soll eine Gemeinde, die von diesem ganzen Wesen unangesteckt bleibt, von ihrem geistlichen Vorsteher halten, von welchem sie vertraute, er habe ihr lange tüchtig und würdig das ächte heilsame Evangelium verkündigt, und nun hören muß, daß er erst bei einem herumfahrenden, an manchen Orten nicht geduldeten, an mehrern sogar durch polizeiliche Gewalt vertriebenen Weibe, das Licht des Evangeliums, das wahre Wort des Lebens habe lernen müssen. Was müssen die Layen halten von ihrem Lehrer, wenn er (Namen anzuführen ist eine gehäßige Sache) an solchem Orte, unter solcher Umgebung weilt und sagt: „er müsse hier beten lernen." Was will er antworten, wenn sie ihm sagt, das hätte er als Geistlicher längst schon sollen gelernt haben? Gründen solche Sachen das Zutrauen zu dem Lehrer, welches die Grundlage heilbringender Wirksamkeit seyn muß? Festigt das die Ueberzeugung an seine Tüchtigkeit, ohne welches all seine Rede ein leerer Schall? Wer bürgt der Gemeinde, daß, wenn etwas anders kommt, er nicht demselben mit gleichem Eifer nachlaufe und abermals ruffe: „gefunden, gefunden!"

Auf diese Weise muß das Gewissen der Leute in eine besorgnißvolle Verwirrung gerathen. Hängen sie ihrem Lehrer an, und glauben sie diesem auf sein Wort, daß mit der Erscheinung dieses Weibes das zweite Licht der Welt der neue Heiland gekommen seye (da wir doch nur einen einigen Heiland und Seligmacher erkennen) oder, um alle Ironie bei Seite zu sezen, lassen sie sich von ihm überreden, daß das eine von Gott gesendete Frau seye, die dem gesunkenen Christenthum wieder aufhelfen wolle, die geistlichen Segen verbreite, wo sie erscheine, aber gelegentlich vernehmen sie, daß man diese Frau aus mehrern Kantonen verbannt und vertrieben habe, welche Achtung können sie dann haben vor der Obrigkeit, die nun in ihren Augen nicht mehr als eine christliche Obrigkeit erscheinen kann, weil sie die besten Christen verfolgt, sondern wie neue Neronen und Diocletiane, weil sie dem Volk, auf dessen Heil sie bedacht seyn sollte, entziebt, was ihm Gott zu seinem geistigen Segen bestimmt hat. Hängen sie der Obrigkeit an, und sind sie überzeugt, aus guten Gründen seye diese Frau vertrieben worden, und wenn sie so vielen Segen gebracht hätte, so würde man nicht allenthalben auf gleiche Weise gegen sie verfahren seyn, und hören dann dabei, daß Geistliche Gemeinschaft mit ihr gehabt hätten, aus welchen Augen müssen sie dann dieselben betrachten? Ist es Ihnen, wenn sie nachher Mißtrauen gegen ihre Seelsorger hegen, oder verlogen sind, wie sie sich dieses erklären sollen, zu verargen?

Der katholische Geistliche steht hier in ganz anderm Verhältniß als der protestantische. Der Lehrbegriff von jenem ist fest, es läßt sich nichts davon, nichts dazu thun. Der Cultus beschränkt sich nicht auf die Predigt, die geistlichen Güter werden nicht blos durchs Lehren gespendet; wer die Weihe nicht erhalten hat, ist Laye; mag er noch so viel lehren, er kann den Gläubigen die geistlichen Güter nicht verwalten. Geht also der Geistliche hin, so steht er dem blossen Lehrenden gegenüber als Priester dem

Layen, als höheres Wesen dem untergeordneten, im Namen der Kirche dem, der aus Willkühr und Eigenmacht etwas sich angemaaßt; daher höchstens prüfend, immer aber entgegenhaltend, was die Kirche ausspricht. Auch die Gläubigen können wohl hingehen und hören, aber wenn sie von der Kirche sich nicht trennen wollen, müssen sie dennoch alles, was sie zu ihrem Heil bedürfen in der Kirche, bei dem Priester suchen. Was die Kirche vorschreibt, an dem müssen sie dennoch immer Theil nehmen und es kann in keines katholischen Christen Herz der Gedanke kommen, dort finde er es besser und die Kirche seye daher überflüßig.

Nicht so der protestantische Geistliche. Bei diesem beschränkt sich die ganze Verwaltung des geistlichen Amtes aufs Lehren; es gibt keine Weihung, höchstens eine Widmung; wer daher als Lehrer auftritt, reißt das geistliche Amt in seinem ganzen Umfang an sich, er maaßt sich an, den Layen Priester zu seyn und alles zu spenden, was der gibt, welcher dem geistlichen Stand sich eigens gewidmet. Wer also, selbst Geistlicher, mit einen selbstaufgeworfenen Lehrer sich gemein macht, der bleibt nicht, wie jener, ihm gegenüber stehen, sondern er tritt neben ihn und verleiht schon durch seine blosse Gegenwart (wie viel mehr durch Theilnahme und Beipflichtung zu seiner Lehre?) die Genehmigung zu der eigenmächtigen Anmaaßung des andern. Er zeigt dem Volke: seht! Dieser thut, kann und darf thun, ohne weitern Beruf, als seine Willkühr, seinen innern Geistestrieb, was ich; Ihr habt ihn ebensowohl zu hören, als mich, seine Lehre kann vor der Meinigen Vorzüge haben, er kann eher berufen seyn ein geistliches Amt zu verwalten, als ich, da ich noch sein Schüler seyn muß. Er giebt daher ein schlechtes Beispiel, welches leicht Nachahmung findet, indem der Irrwahn, man könne für sich und allenthalben was zum Heil dient eben so gut als in der Kirche und durch die Kirche finden, schon tiefe Wurzeln geschlagen hat. Wer daher eine Ahnung von seiner kirchlichen Würde und demjenigen hat, was er derselbigen schuldig ist, der wäre nicht dieser Lehrerei nachgetappt und wenn durchaus Alles gegangen wäre.

Ja, ist es nicht als wenn diese Frau dazu auserſehen wäre Spaltungen und Zwist allenthalben hervorzubringen, alle Verhältnisse zu stören, allenthalben den Widerspruch aufzuregen und, nun Friede in der Welt ist, den Frieden in den Gemüthern zu stören. Das mangelte noch dem Unglük unsrer leidenschweren Zeit, daß auch die zärtern Bande, als nur die, welche Höfe an Höfe und Völker an Völker binden, zerrissen würden. Daß Zerrüttung und Zwiespalt auch in die bürgerlichen Verhältnisse, unter achtungswerthe Stände, in die Gesellschaft, ja sogar, wir fürchten es, in die Häuser und unter die zartesten Verbindungen komme. Sind wir nimmermehr des Friedens werth? Sollen wir Eintracht fürderhin nur blos dem Namen nach kennen, ists nicht genug des Uebels, muß auch dieses noch kommen?

Warum, man wird uns diese Frage nicht verargen, warum spricht sie immer nur Wehe und von bevorstehenden Strafgerichten übe rdie Schweiz? Wir kennen manche Gebrechen unsers Landes gar wohl und verheelen uns dieselben nicht, aber sind wir denn so zum Sodom und Gomorrha geworden, daß der Herr ohne den allermindesten Aufschub Feuer und Schwefel über uns muß regnen lassen. Ist das Schweizervolk gleich der Rotte Korah, daß die Erde schon von einander klafft, um dasselbe zu verschlingen? Wir kennen auch andre Länder, andere Völker, und wollen uns nicht besser schäzen, oder stellen, als wir sind, aber die Schlechtesten und Ruchlosesten sind wir doch.

in der That nicht. Der Gottesdienst ist anderwärts mehr im Verfall als bei uns, der Leichtsinn ist grösser, die Zügellosigkeit allgemeiner; wir haben doch noch viel Gutmüthigkeit, eine gewisse Treuherzigkeit, und man sollte meinen, was man auch den Armen vorschwazen mag, die Wohlthätigkeit seye noch nicht ganz verschwunden. Wenns nicht mehr ist wie ehedessen, so würde man Ihr Dank wissen und Sie würde gerne geduldet werden, wenn Sie Anleitung gäbe, wie alle schönen Tugenden der Vergangenheit wieder könnten gepflanzt werden, wenn sie ernst und from, nicht um durch Seltsamkeit Aufsehen zu erregen, h i e v o n predigte. Sonderbar! sie war in Paris, hat doch wohl auch gesehen, wie's dort in allen Ständen zugeht, welcher Geist dort h auset; sollte nun irgend eine schweizerische Stadt eher ein Babel oder Ninive seyn, als dieser Pfuhl aller Gottesvergessenheit und Schlechtigkeit. Ich glaube nicht blos ein Schweizer, jeder A u s l ä n d e r würde diese Bemerkung gemacht haben.

Was das anbetrifft, was sie spricht (nicht ihre L e h r e) so zerfällt dieses in zwei Theile: das Gültige und das Verwerfliche. Wenn sie von der Nothwendigkeit spricht, daß die Welt die in Christo dargebotene Gnade so viel begieriger ergreife, wenn sie von den Gebrechen der Zeit, von dem grossen Kaltsinn spricht, der in religiösen Sachen herrschend geworden ist und wie überhaupt die Welt tod seye, weil Religion, die Seele derselben, von ihr sich geschieden habe; wenn sie die Nothwendigkeit des Gebets, als erste Grundlage christlichen Denkens, Redens, Handelns recht warm darstellt; wenn sie von Christo als dem einigen G r u n d d e s H e i l s spricht, so ist das alles recht erbaulich, heilsam, lobenswerth, es kann, wenn es zu rechter Zeit und Stunde und Ort gesprochen wird, hie und da weken, oder doch rufen. Aber geschicht dieses nicht in allen Kirchen von jedem Geistlichen, der die Würde seines Amtes begriffen hat, und ein getreuer Arbeiter seyn will in dem Weinberg des HErrn? Muß dazu viel Aufsehens seyn, wird so grosses Geräusch erfordert, kann das nur auf eine, weil ungewohntere, darum für wirksamer und eindringlicher gehaltene Weise geschehen? Eben so wenn Sie nicht abläßt an Wohlthätigkeit, Menschenliebe, werkthätiges Christenthum zu erinnern, kann manches Wort ein Herz finden, das es aufnimmt und in dem es gedeihliche Früchte bringt: aber auch das wird immer gelehrt, darin hört man nie auf zu ermahnen, daß die Menschen immer geschikter und tüchtiger werden zu allem guten Werke.

Wenn Sie aber lehrt, daß man alles einzig und allein durchs Gebet vermöge, wenn sie so von besondern Gnadenwirkungen spricht (welche wir einzeln hie und da an Gott ergebenen Herzen, im Stillen und geräuschlos wohl auch schon in der Welt für erfolgt halten — denn wer wollte sich unterfangen den göttlichen Geist in Schranken zu bannen), die Schlag auf Schlag sollten gefolgt seyn, zu jeder Zeit gleichsam auf ihren Wink bereit, dann scheint sie uns von der ächt evangelischen Bahn wieder verirrt; wohin? wollen wir nicht entscheiden. Wenn sie in Luzern sagt wie sie in Basel Kranke gesund gemacht habe, in Schaffhausen verkündet, wie zu Luzern mehrere hundert Menschen mit 18 Brodten und etwas Habergrüze seyen gesättiget worden, allenthalben, wie ihr der Geist ihrer verklärten Mutter in himmlischer Glorie erscheine, wann sie wolle und Anderes, das wir nicht einmal berühren möchten, so sind wir wahrhaft in Verlegenheit ein Urtheil hierüber zu fällen. Wer kann es rathsam finden, wenn sie achtzehnjährigen Mädchen sagt, daß sie in allem Unflath der Sünden sich einst gewälzt habe, nun aber dennoch wieder zur göttlichen Gnade gelangt, ja nicht blos dieses, sondern ein auserwähltes Werkzeug derselbigen geworden seye?

Wenn sie das Evangelium in seine ursprüngliche Reinheit wiederherstellen will und wirklich sich dazu berufen und auserwählt glaubt, so halten wir dafür, daß sie auch im Geist und im Sinne der Sanftmuth demjenigen ähnlich seyn sollte, der dasselbe als das Himmelslicht in die Welt gebracht hat. Daß sie dem Orte, der sie aufnähme und ungestört ihr Wesen treiben liesse besondern Segen, sichtbares Glük verhiesse, möchte hingehen, der Erfolg würde es bald zeigen, daß sie aber im heiligen Grimm ihr Wehe ausruft über den Ort, wo die Obrigkeit sie nicht dulden will, daß sie daselbst (wie in Zürich) wahre Holofernes Gesichter an den Kindern wahrnimmt, daß sie, wenn man auf die Bewegungen und Verzerrungen, welche in ihrem Gottesdienst gemacht werden, kein acht hat, abermal „Wehe" spricht, daß sie mit göttlichen Strafgerichten Solchen droht, die in öffentlichen Blättern gegen sie auftretten, weil dieses Gott gelästert und schon erlebt worden seyn soll, daß ihre Verächter durch höhere Macht seyen bestraft worden, das zeigt, wenn jene ersten Lehren eine in Gottesfurcht es wohlmeinende Frau hätten erwarten lassen, die gekränkte Eitelkeit der Welt. Der HErr gebot den Aposteln, wenn sie in eine Stadt kämen und diese sie nicht annehmen, noch ihre Rede hören würde, daß sie **freywillig** herausgehen und zum Zeichen über sie den Staub von ihren Füssen schütteln sollten. Er sagt zwar wohl, daß es dem Lande der Sodomer und Gomorrer erträglicher ergehen werde am jüngsten Gericht, denn dieser Stadt, berechtigt die Jünger aber nicht dazu, daß sie selbst Wehe aussprechen oder Strafgerichte verkünden sollten. Im Gegentheil finden wir, daß wo auch Er nicht aufgenommen wurde und die Jünger ihn erinnerten, daß Er Macht hätte, die Stätte sogleich mit Feuer vom Himmel zu vertilgen, Er sie besänftigte und sagte, des Menschen Sohn seye nicht gekommen, der Menschen Seelen zu verderben sondern zu erhalten; sie giengen in einen andern Markt. Hier also können wir die Geister prüfen. Wo noch der alte Adam so sich regt, daß man glauben kann Gott werde die verweigerte Aufnahme, wo nicht gar aus Widerspenstigkeit gegen obrigkeitliche Gebotte erfolgte gewaltsame Verbannung bestrafen, da können wir nicht nur keinen besondern Lehrerberuf erkennen, sondern erinnern vielmehr, zuerst den HErrn in der Demuth nachzuahmen, bevor man in seinem Namen die Welt bessern will.

Daß Frau von Krudener im äusserlichen sich noch nicht ganz nach apostolischer Weise (oder nur wie die Heiligen der katholischen Kirche) von der Welt losgerissen hat, wollen wir ihr, wie auch wohl gethan worden ist, nicht zum Verbrechen anrechnen. Vieles von dem gehört ihrer Weiblichkeit an; daß sie fährt, daß sie in Kleidung und Geräthschaften elegant ist, daß sie schönes Porcellan mitführt, daß ihre Tafel gut und reichlich besezt seyn soll, das sind Gewohnheiten ihrer ehemaligen Lebensart, von denen sie sich nicht leicht lossagen kann, bei denen sie aber doch der Welt wohlthätig seyn könnte. Selbst daß sie Hoflaunen hat, manchmal den andächtigen Seelen von gutem und schlechtem Wetter spricht, anstatt geistliche Nahrung und Balsam für die Gewissenswunden zu reichen, daß sie vornehm thut, und die Leute gestern und vorgestern gesehen hat, und doch meint, es seyen wieder Andre, das zählen wir zu den Ueberbleibseln ihres vormaligen Hoflebens, in welchem dieses ein gewohntes Spiel ist und erkennen daraus die Bestätigung der Wahrheit, daß auch die Allerheiligsten in diesem Leben nur einen geringen Anfang des Gehorsams gegen Gott erlangen können.

Daher halten wir uns darüber nicht auf, daß sie sich von ihrem Anhang die erhabensten Beiwörter geben läßt, mit dem Namen „gnädige Frau“, als ausschliessende Betittlung, dem Volk sich kund thut und unter demselben in Verhältniß mit ihm tritt. Daher entstehen bei diesem, so wie die abentheuerlichsten Vorstellungen, auch die sonderbarsten Benennungen z. B. Wunderthäterin, heilige Frau, Prinzeßin, „Frau Herrgöttin“. Ihre Anhänger nennen sie auch wohl die Hohepriesterin und scheinen sie mit der Hochgebenedeiten Magd des HErrn vergleichen zu wollen, die den Heiland gebar, indem sie eine Stelle wörtlich auf Sie anwenden, welche als Bild auf Jene bezogen wurde. Sie heissen sie das Sonnenweib, von welchem wir in der Offenbarung des heiligen Johannes (XII, 1) lesen: „es erschien ein Weib mit der Sonne bekleidet, der Mond unter ihren Füssen und auf ihrem Haupt eine Krone von zwölf Sternen.“

Ihre Anhänger haben nicht nur eine unbegränzte Ehrfurcht gegen sie, sondern sezen ein ungemeines Vertrauen in ihre Kraft und in ihre Wirksamkeit. Es ist bald kein Wunder unsers HErrn, das nicht auch sie sollte verrichtet haben, keine Wirkung des göttlichen Geistes, die nicht durch sie sollte hervorgebracht worden seyn. Sie betrachten dieselbe nicht blos als eine Prophetin, sondern als eine eigens von Gott gesandte Retterin des Menschengeschlechts in dieser Zeit. Nicht blos den erstorbenen Funken des göttlichen Lichtes soll sie wieder weken, sondern eben so gut auch aus irrdischen Nöthen reissen. Mit einem Wort, es soll auf ihr eine Kraft ruhen, dergleichen nie einen Menschen je begleitete, die nur dem eingebohrnen Gottes-Sohn eigen war.

Hören wir aber, was einer ihrer feurigsten Anhänger, Herr Köllner, in einem öffentlichen Blatt von dem heilbringenden Wirken und Walten dieser Frau sagt.

„Ich habe immer gesehen, daß nach ihrer allgemeinen Anrede, Menschen sich gedrungen fühlten, Herzensbekenntnisse bey ihr abzulegen, und um ein besonderes Gebet zu bitten. Viele Tausende sind während ihres Aufenthalts bey Grenzach am Horn leiblich und geistlich gespeist worden. Ich sah Pilger, die im Vorbeygehen einkehrten, ihre Beichte abzulegen; Fuhrleute liessen ihre Wagen stehen und kamen, ihr ihre Sünden zu bekennen. Ich sah eine ganze Familie sich bekehren, die vorher in Lastern gelebt, ihren alten Vater schreklich mißhandelt und von sich gestoßen hatte; ich sah Feinde, die sich umbringen wollten, sich versöhnen; Unglükliche, die die Absicht hatten, sich in den Rhein zu stürzen, zur Besinnung kommen — alles durch die Macht des Gebets und des Glaubens an den lebendigen Gott und Heiland. — Philosophen wurden von der Macht der Religion so hingerissen, daß alle Zweifel schwanden, und sie öffentlich als Bekenner Jesu, des Gekreuzigten, auftratten. Junge Mädchen, die in Unzucht lebten, verließen die Bahn des Lasters. Menschen, die, den schändlichsten Lastern ergeben, seit 20 Jahren keinem Gottesdienst beygewohnt hatten, wurden dermassen vom Geiste Gottes ergriffen, daß sie nach 8 Tagen als Missionäre ausgehen konnten, die große Sünderliebe Jesu den Menschen anzupreisen; ich sah Arme, die so vom Geist der Liebe ergriffen wurden, daß sie die eben erhaltenen Almosen sogleich mit noch Aermern theilten. Ich habe Kranke gesehen, die aufs Gebet des Glaubens gesund wurden; Aerzte, welche, bezeugend, daß die Krankheit unheilbar wäre, durch diese merkwürdigen Thatsachen gläubig wurden, und ihre Kunst als unzuverläßig ansahen. Selbst Priester kamen, um ihr Gebet zu bitten und ihr ihre Herzen zu eröffnen, auch Juden, die bey ihr von der Macht und Schönheit dieser lebendigen christlichen Religion hingerissen wurden."

„Christus ist der Gott ihres Herzens, mit dem sie, wie Abraham, umgeht, ihn kindlich um alles fragt, und der ihr im Innersten des Herzens auf alles antwortet. Durch diesen Kinderglauben, dem alle Dinge möglich sind, werden diese Wunder hervorgebracht. Wenn sie Geld, Nahrungsmittel oder Kleider für die Armen braucht, so fordert sie es kindlich ihrem Heilande ab, und er sendet es. Sie geht von keinem Ort zum andern, ohne daß sie weiß, es sey der Wille ihres Gottes."

„So erzieht sie auch die, welche sie umgeben. Eine junge bekehrte Appenzellerinn, welche für die Armen kocht, sagte ihr einmahl, „es seye nichts mehr da." „Weißt du nicht," antwortete sie ihr, „an wen du dich zu wenden hast?" Dieselbe Magd hatte schon einmahl, als nichts da war, gebetet, und fand am andern Morgen Vorrath im Keller. Gott, der die Herzen der Menschen wie Wasserbäche lenkt, braucht nicht immer Engel zu senden, sondern bedient sich lieber der Menschen, um diesen Gnade zu schenken, wenn sie seinen Willen thun. Davon ein Beyspiel. Frau von Krudener fühlte einmal einen Drang, einer armen Frau in einem benachbarten Dorfe, die auch bey ihr zum lebendigen Glauben gekommen war, und obwohl selbst arm, doch Armen gern Herberge gab, einen neuen Thaler zu geben, hatte aber selbst gerade kein Geld; sie betete, und am andern Tag kam eine Frau aus Basel, und brachte ihr einen Thaler, mit der Aeußerung, daß sie einen heftigen Trieb empfinde, ihr solchen für Arme zu geben, obwohl sie kaum so viel die Woche erübrigt habe. Ein anderes Mahl bat sie den Herrn, ihr Kleider für arme Kinder zu schenken, es war kurz vor ihrem Geburtstage, und an eben diesem Tage brachten ihre Freunde ein Geschenk von solchen Kleibungsstüken. Ihr Gott und Heiland unterrichtet sie von allem und dekt ihr oft die Herzen Anderer auf. So sagte sie einmahl zu denen, die um sie standen, sie wüßte, daß einer unter ihnen ein schreklicher Verbrecher sey. Als sie ausgeredet hatte, tratt einer zu ihr und führte sie bey Seite, um ihr zu bekennen, daß er der sey, und daß er sich bekehren wolle."

„Gott konnte für die jezige Zeit und Trübsal, da die Erde ihre Fruchtbarkeit versagt (?), die Gewerbe darnieder liegen, und das menschliche Elend einen so hohen Grad erreicht hat, den Menschen kein besseres Rettungsmittel schiken, als daß Er die bisher in Formen verschlossene Religion gleichsam personifizirt auftreten ließ."

„Es ist unverkennbar, daß eine höhere Kraft in dieser Frau wirkt. Was anders, als ein Zug des Geistes Gottes ist im Stande, die Menschen zu Tausenden von allen Klassen und Confessionen herbeyzuziehen? Man muß es selbst sehen, wie Jung und Alt ihr, wo sie sich nur sehen läßt, nachläuft, wie sie Tagreisen weit herkommen. Viele werden auch durch Träume und Visionen, die sie selbst erzählen, zu ihr gewiesen. Alles dieses, so wie das Auftreten dieser Frau selbst, ist nicht anders, als nach der Bibel zu erklären, und wenn wir darinn mehrere Fälle finden, daß Gott, wenn er sein Volk aus einer Gefahr retten wollte, sich mehrmahl der Frauen bediente, wie Debora, Esther, Judith; so könnte er auch diese Frau zu einem Werkzeug für grosse Zweke auserseben haben."

Wenn von ihrer Lehre und ihren Absichten die Rede ist, so kann wohl eher von diesen, als von jener, gesprochen werden. Die Urtheile über beide sind verschieden. Die Lehre, insofern man darunter das Ganze ihrer Ansichten von göttlichen Dingen und ihrer Verhältnisse zu den Menschen versteht, mag sie wohl nur einzelnen Eingeweihten im ganzen Umfange mitgetheilt haben. Ein Roman, an welchem sie arbeitet, soll unter dem Titel „le solitaire converti" nicht nur ihre Bekehrungsgeschichte, sondern auch ihre Lehre, ihr Ganzes der beabsichtigten moralischen Weltumgestaltung enthalten. Sie hat vornehmen Weltkindern, denen sie Geistes- (vielleicht auch Wandels-) Verwandtschaft zutraute hie und da Bruchstüke daraus vorgelesen, und diese sprechen mit besonderm Entzüken von dem beglükenden Kunstwerke. Was man aber beim Besuche ihrer gottesdienstlichen Uebungen, oder wo sie sonst in zahlreicherer Umgebung sprechen mag, gehört hat, ist fragmentarisch; es sind wohl Lehren aber keine Lehre. Aus diesem allem kann nie Einem völlig klar geworden seyn, was sie will, ob und worin sie von dem angenommenen Lehrbegriff abweicht. Die Leute haben an etwas Theil genommen, das, vielleicht schlechter, als die Einen meinen, vielleicht besser, als die Andern glauben, hätte können seyn. Es mag von Vielem etwas daran seyn, am meisten von Jungs Meinungen, welchen sie einst in Karlsruhe fleißig hörte und für dessen Jüngerin sie gehalten worden ist. Auch spricht sie vieles von dem innern Licht im Schwedenborgs Sinn, von Eingebung nach Art und Weise der Quäker, vieles ist genau mit dem Pietismus verwandt.

Sie sucht allenthalben Proselyten zu machen. An die Armen wendet sie sich, weil bey diesen ihre Lehre, verbunden mit Allmosen, am Leichtesten Eingang findet, und ihre Prophezeiungen, welche ihnen Glük und Ueberfluß verkünden, am liebsten geglaubt werden. Durch diese Leute macht sie auch am meisten Aufsehen, weil diese Wandernde, aber so wie den Ort auch die Personen wechselnde, Kirche der Polizei am meisten zu thun gibt, die Aufmerksamkeit der Leute, wo sie hinkömmt, am sichersten an sich zieht. Anbei sucht sie die Reichen zu gewinnen; spricht diesen von großem, fürchterlichem Unglük, das bevorstehe, von der Nothwendigkeit, sich zu bessern, den Armen mitzutheilen und sucht durch reichliche Beisteuern derselben sich in den Stand zu sezen die großen Ausgaben, welche das herumschwärmende müssige Gesindel ihr veranlassen, leichter zu deken.

Man hat viel und verschieden über ihre Absichten gefaselt und gesprochen. Man hatte anfangs geglaubt, sie wolle die Leute zur Auswanderung ins russische Reich verleiten. Hierüber konnte nicht lange Zweifel obwalten. Sie würde die Leute, die sie um sich hatte, nicht immer ernährt, sondern von Zeit zu Zeit Transporte derselben abgesendet haben. Das geschah aber nicht. Auch hätte die russische Regierung, wenn sie so etwas begünstigen wollte, nicht nothwendig gehabt so sonderbare Wege einzuschlagen; sie hätte es offen verkünden lassen. Statt dessen hatte aber im Gegentheil der russische Gesandte, gleichzeitig mit den russischen Gesandten an den deutschen Höfen, bei dem Vorort der schweizerischen Eidgenossenschaft eine Note eingegeben, der zufolge die Einwanderung in Rußland nur unter gewissen Bedingungen gestattet würde, welche von allen denen, die den Suppen der Frau von Krudener nachzogen, Keiner hätte erfüllen können. Andre redeten von einer Armen-Kolonie am Kaukasus, „wo sie eine christliche Sektengemeinde nach ihrer Lehre und unter ihrer oberpriesterlichen Aufsicht bilden wolle.“ Aber das ist gewiß, daß man nie Schritte gesehen hat, die auf die Ausführung einer solchen Absicht hätten deuten können; und welcher Zwek wäre denn dieses gewesen, wie schwierig seine Erreichung, wenn auch noch soviel Leute sich bereitwillig gefunden hätten, einen solchen Zug auf Gerathewohl zu unternehmen?

Es hat auch Solche gegeben, die dafür hielten, sie wolle die Menschen nur schnell bekehren und wieder auf den rechten Weg leiten, der aber nur in der Beipflichtung zu ihren Lehren könne gefunden werden. Andre haben gemeint, es treibe sie die Eitelkeit Aufsehen in der Welt zu erregen und weil sie nicht mehr durch Körperreize fesseln und Leute um sich sammeln könne, so versuche sie es nun durch eine eigene Lehre und sie gefalle sich in so zahlreicher Umgebung und dem Besuch von Leuten, auch der ersten Stände. Die Einen halten sie für eine gute Schwärmerin, Andre für eine schlaue Verführerin, man hat ihr auch den Namen einer modernen Kassandra gegeben; alles Beweise von keinem grossen Vertrauen zu ihr. Es sind aber auch viele mit sich selbst im Zweifel, ob sie eine Betrogene oder eine Betrügerin seyn möge, wobei wir jedoch nach manchen eingezogenen Erkundigungen eher, zumal bei unläugbaren Beweisen einer vorherrschenden Gutmüthigkeit, der ersten Meinung beipflichten möchten, da doch die Sagen und Anekdoten, welche zum Beweis des andern angebracht werden, noch bei weitem nicht hinreichend erhärtet sind.

Mehrere muthmaaßten, sie möchte das sichtbare Werkzeug unsichtbarer Obern ausser der Schweiz zu Erreichung politischer Absichten seyn. Diese Meynung gewann um so mehr Schein, da man während ihres Aufenthalts in Luzern die beachtungswerthe Bemerkung gemacht hatte, daß sie nie Briefe durch die Post, wohl aber viele durch eigene zu ihr abgesandte und oft aus der Ferne kommende Boten erhielt. Es fiel auch auf, daß sie ihre Verbindungen im Lande selbst und in der Umgebung mit vieler Thätigkeit und großem Eifer ausdehnte; daß sie Aussendlinge nach allen Gegenden verschikte, um von allen Orten her Leute an sich zu loken, Erkundigungen einzuziehen über Menschen und Sachen, die mit vieler Gewandtheit benuzt wurden; und daß, so wie sie Gelder erhielt, sich immer auch mehr Thätigkeit in der ganzen Sache bemerken ließ. Endlich schien diese Meinung dadurch bestärkt zu werden, daß Herr Köllner, ihr vornehmster Sprecher, zu Luzern in Predigten unverholen Worte äusserte, welche die nahe und unumgänglich notwendige Einführung einer neuen Ordnung der Dinge und zwar, wie er hinzusezte, durch Feuer und Schwerdt ankündigten. Es ist aber Mißverstand und Mißdeutung, wenn man dieses auf politische Absichten bezieht: es ist in moralischer und religiöser Hinsicht eine neue Weltordnung, welche sie verkündet, und an welcher sie zu arbeiten vorgibt und der dann freilich auch durch heroische Mittel, wie Feuer und Schwerdt, soll nachgeholfen werden.

Gewisser ist das und vor Allem durch die glaubwürdigsten Zeugen berichtet: Sie ist bei früherer Neigung zu sonderbaren religiösen Ideen ganz in Jungs Meinung vom tausendjährigen Reich eingegangen. Dieses solle bald anbrechen, und es ist, eben so wenig als politischer Umschwung der Dinge, nicht der Untergang der Erde in den bevorstehenden grossen Naturrevolutionen, welchen sie verkündigt, sondern vielmehr die Strafen Gottes über das ruchlose Menschengeschlecht und alle diejenigen, welche nicht würdig sind, in dieses Reich einzugehen. Sie wolle, heißt es, aus besonderer Zuneigung, die Schweiz oder wenigstens das Volk derselben retten *). In Klein-Asien werde,

*) Wobey dann freylich die Bemerkungen S. 39, 40. beantwortet wären und sie Ansprüche auf unsern erkenntlichsten Dank zu machen hätte.

nach ihrer Meinung, der Siz dieses Reichs seyn, oder wenigstens von dort aus die grösten Veränderungen ausgehen. Sie hält dafür, die Juden seyen besonders ausgezeichnet, erwählt und berufen, um hier zur Rettung des Menschengeschlechts eine Rolle zu spielen, und alle Gottesverheissungen würden bald an ihnen in Erfüllung gehen. Daher suchte auch Herr Köllner während dem Aufenthalt der Frau von Krudener in Diessenhofen die Juden der benachbarten Oerter Gailingen und Randek an sich zu loken, sprach mit ihnen hierüber und von ihrer besondern Erwählung und fand auch wirklich bei manchen derselben einiges Gehör, Eingang und Glauben. In diesen Säzen gleicht die Lehre der des bekannten Priesters Pöschl, der auch von chiliastischen Träumen geleitet ward.

Daher ist sich's zum Theil auch zu erklären, warum sie keiner Konfession angehören will; wenn dieses nicht Spuren seyn möchten des vormaligen vornehmen Weltsinnes, welcher unter dem gleissenden Vorwand über alle besondere Kirchenform erhaben zu seyn, dann auch unter aller Religion steht. Denn (beiläufig mag's gesagt seyn!) diese Predigten, Gebetbücher und wohl gar Dogmatiken für alle Konfessionen, wo nicht für alle Religionen, konnten nur in unserm Zeitalter Boden finden, aus welchem sie aufschiessen mochten. Frau von Krudener will zum Behuf des tausendjährigen Reiches das Christenthum wieder auf seine ursprüngliche Reinheit zurükführen. Dabei soll sie der katholischen Glaubensform den Vorzug einräumen, weil die Mysterien derselben mit dem Urchristenthum besser übereinstimmen. Ja es ist einmal sogar in öffentlichen Blättern (fälschlich) berichtet worden, daß sie zur katholischen Kirche übergegangen seye. Die Fortsezung ihrer Lehren war hinreichende Widerlegung.

Wir kommen nun auf ihre Begleiter, Gehülfen, (Missionäre nennt sie's) und auf ihre ganze Umgebung. Billig nennen wir zuerst Herrn von Berkheim, den Tochtermann der Frau von Krudener, mit seiner Gemahlin. Herr von Berkheim ist von einer angesehenen Familie. Der badische Minister von Berkheim ist sein Bruder, er selbst war einst in bayerischen Diensten. Er ist ein schöner Mann, der mit dem Aeussern der Heiligkeit die feinere Sitte der grossen Welt verbindet. Seine Frau ist etwas über dreissig Jahre alt, klein von Gestalt und schlank; in ihren einst schönen Gesichtszügen drükt sich sprechend der Pietismus als Angewöhnung aus. Sie lebt ganz in Gott, abgesondert von allem, was irrdisch heißt, und wird von ihrer Mutter selbst für eine Vollendete gehalten.

Herr Professor Lachenal aus Basel und seine Frau. Herr Lachenal ist aus einer geachteten Familie in Basel. Sein Vater war der bekannte Professor der Botanik, Werner Lachenal. Er selbst war einst Professor der Philosophie, in welcher er ziemlich in Kantische Grundsäze (die wohl das ödeste trokenste Religionssystem gäben) eingegangen war; dazu war er Rektor der Universität; wegen seinen Geistes- und Herzensvorzügen geachtet, gelehrt, reich. Er besaß eine schöne ausgewählte Bibliothek, ein Haus in der Stadt, ein Landhaus. Seine Frau wurde in den Kreis der Frau von Krudener hineingezogen, von ihr gewonnen, durch sie auch er, daß er sich entschloß der Frau von Krudener zu folgen und ihr einen grossen Theil seines Vermögens übergab. Die Profanen wollten in der Sache nur die Absicht der Prophetenschaar erkennen, sein bedeutendes Vermögen und seinen Hang zur Wohlthätigkeit zu ihren Bedürfnissen zu gewinnen. Sie fanden sich darin nicht getäuscht, denn es ist bekannt, daß Herr Professor Lachenal von dem Augenblik seines Uebertritts in dieser Gemeinschaft mit der grösten Freygebigkeit Geld zu allen Arten von Unterstüzungen hergab; daß auch seine Frau, in welcher man vorher keinen Hang zur Wohlthätigkeit bemerkte, seit ihrer Verbindung mit Frau von Krudener ebenfalls sehr wohlthätig ward, ist eine Thatsache, welche nicht darf verschwiegen werden. Herr Lachenal meint es gewiß redlich. Sein stiller und sanfter Charakter mag seinen Uebertritt bewirkt haben, daß er aber den Generalquartiermeister der Gesellschaft macht, ist seiner unwürdig. Vielleicht mag er anfangs auch ein wenig zu schnell eingenommen, ja getäuscht worden seyn. Gewiß bedauert man ihn in Basel allgemein. Er soll den Anfang des tausendjährigen Reichs noch nicht für so nahe halten als Frau von Krudener.

Herr Empeytas, ein Theologe aus Genf. Wir wissen nicht, ob er ordinirt ist oder nicht, eben so wenig aus welchen Gründen er sich der Frau von Krudener angeschlossen. Er hat am Ende des Jahrs 1816 Aufsehen gemacht durch eine Schrift an die studirende Jugend in Genf, worin er die Geistlichkeit des Socianismus und grosser Irrlehren beschuldigt. Sie ist damals in der Aarauerzeitung weitläufiger angezeigt worden.

Sollten wir die Leute nach ihrer Bedeutsamkeit bei dieser Sache reihen, so müßte wohl Herr Köllner zuerst genannt werden. Er soll unter allen der gewandteste Kopf seyn und selbst als der Leiter und Führer seiner Meisterin, der „gnädigen Frau,“ deren Pfarrer er sich nennt, können betrachtet werden. Von Geburt ist er ein Westphale. Bei dem Schaugötterdienst verrichtet gewöhnlich er das Gebet. Ein competenter Ohrenzeuge hat gesagt, daß dasselbe manche schöne Stelle enthalte, daß aber aller Eindruk auf ihn (den Referenten) gänzlich er-

der wirthshäuslichen Gottesverehrung gerathen wäre und Herrn Köllner das wörtlich gleiche Gebet wieder habe hersagen hören. So, meinte dieser, könne man leicht den Anstrich erhalten, als stehe man in seinem Vortrag um etliche Stufen höher, denn Andre, und seye es nicht schwer, die Meinung von grosserer Wärme, Eifer und Salbung bey dem nicht überlegenden Haufen zu gewinnen; länger betrachtet, zerrinne aber dieser Schein zu nichts. Von dem Aeussern des Herrn Köllner machen Leute, welche ihn gesehen haben und die öffentlichen Blätter nicht die einnehmendste Schilderung. Höchst wahrscheinlich spricht die „schweizerische Monatschronik" von ihm, wenn sie sagt: „Hingegen trug ein sogenannter Missionair, „ein Mensch von einem völligen Landstreicheraussehen, unter vie„len Grimagen und Bekreuzigungen ein langes Gebet vor." Das Morgenblatt entwirft gar ein abschrekendes Bild von ihm. „Seine gräßlich verzerrten Gesichtszüge müssen den Mah„ler entzüken, der ein Musterbild des Ausdruks aller höllischen „Leidenschaften zu machen im Falle wäre; auch gesteht der „Herr Pfarrer unverholen, daß er — vor seiner Bekehrung „ein sehr verruchter Mensch gewesen seye; an Geistesbildung „und Kenntnissen fehlt es ihm übrigens gar nicht und beide „versteht er trefflich gelten zu machen." Eine Nachricht, von der wir nicht wissen, auf welchem Grunde sie beruht, sagt — er habe einst wollen ein Buch schreiben, worinn die Vernunftmässigkeit des Atheismus hätte sollen bewiesen werden!

Herr Ganz, von Embrach, im Kanton Zürich gebürtig. Mit einigen Anlagen, vornehmlich mit einem guten getreuen Gedächtniß begabt, fiel er als Junge dem Herrn Pfarrer seiner

Gemeinde in die Augen und dieser verwendete auf seinen Schulunterricht etwas mehr, als auf den eines gewöhnlichen Bauernjungen. Dadurch wurde aber der junge Mensch aufgeblasen und äusserte das Verlangen, ein Prediger zu werden. Der Herr Pfarrer erklärte ihm, daß dieses nicht seyn könne und sorgte für sein Unterkommen bei einem Schneidermeister. Bald darauf, nachdem er die Nadel zu handhaben gelernt hatte, starb der Pfarrer und der Schneiderjunge sah den Tod seines Führers als einen Wink der göttlichen Vorsehung an, der ihn eines lästigen Vormünders befreite und ihm den Weg zur Kanzel zeige. Er verließ nun seinen bisherigen Stand, sprach von einem innewohnenden Drang zu dem, was das gemeine Volk Studiren nennt, das heißt das Predigtgeschäft treiben und tratt anfangs als Jugendlehrer, mitunter auch als Prediger auf, doch dieses mit einiger Schüchternheit, denn man hatte ihn in mehrern Gemeinden, wo er sich wollte hören lassen, weggewiesen. Zufälliger Weise ward er einem Geistlichen bekannt, der seine Begierde zu predigen für etwas besonders hielt und deshalb ausgezeichnete Talente in ihm vermuthete. Dieser schilderte seinen Eifer und seinen Fleiß bei Privatpersonen in Zürich und bei der dortigen Hülfsgesellschaft, und brachte eine Geldsumme zu seiner Unterstüzung zusammen. Man übergab ihn einem wakern Geistlichen im Kanton Aargau, damit er bei diesem sich die nöthigen Kenntnisse sammeln könnte. Er blieb bei diesem Mann allzukurze Zeit, als daß er eine Bildung hätte erlangen können und verwendete überdem seine Zeit mehr zu Predigtaufsäzen und zu mystischen Bibelerklärungen, als zu wissenschaftlicher Ausbildung. Er gieng nun nach Basel auf die Universität, auch da brachte er seine Zeit auf die gleiche Weise zu, minder in den Hörsälen der Professoren, als in den Zusammenkünften frömmelnder Brüderschaften. Doch erhielt er ehrenvolle Zeugnisse und schrieb bisweilen an seine Wohlthäter Dankbriefe. Er wurde nun ordinirt. Sein Glüksstern führte ihn im Herbst 1815 nach Seengen in den Kanton Aargau unter sehr vortheilhaften Bedingnissen, als Gehülfe des dortigen achtungswerthen Geistlichen und Lehrer seines Knaben. Aber er zeigte sich eben so unwerth seines Glükes, als seines Berufes. Er verlästerte den Geistlichen, dessen Brod er aß, brachte Zweifel unter die Leute über die Rechtgläubigkeit desselben, kroch in den Bauernstuben herum, prahlte mit seinen Kenntnissen, kramte mystische Ideen aus, und suchte durch den Schein seiner Gelehrsamkeit und Gottesfurcht die Bauern zu gewinnen. Er errichtete auch geheime Andachtsübungen in dem Filial Eglischwyl, und sprach in seinen Predigten nur von den Vorzügen eines beschaulichen Lebens, wenig von der Ausübung christlicher Tugenden. Schon am Ostermontag des folgenden Jahres mußte man ihn wieder entlassen. Nach angelobter Besserung kam er als Pfarrvikar nach Staufberg bei Lenzburg, wo er wegen dem hohen Alter des Pfarrers zwar alle Geschäfte übernehmen mußte, aber auch ganz nach seinem Sinn predigen und Conventikeln errichten konnte. Der Ruf seiner Buß- und Strafpredigten, in welchen er nicht nur von den bevorstehenden großen Gerichten sprach, die über die Menschen ergehen sollten, sondern auch wider Alle eiferte, welche nicht seines Glaubens wären, dann das eine Mal mit ächzendem Tone „Wehe“ über seine Gemeinde rief, das anderemal im Geist voraussah, wie dieselbe mit allen Cherubim und Seraphim singend und anbetend um den Thron des Lammes stehe, zog aus der ganzen Gegend und aus dem Umkreis von mehrern Stunden eine solche Menge Zuhörer herbei, daß die Gemeindsgenossen aus der Kirche verdrängt wurden. Die väterlichen Vorstellungen des Herrn Dekan Hünerwadel in Lenzburg halfen, wie zu erwarten war, nichts, als daß er der immer zahlreichen herbeiströmenden Menge unter freyem Himmel predigte, wo denn ein solches Gedräng entstand, daß Schlägereyen und allerlei ärgerliche Auftritte sich ereigneten. Nebenbei erklärte er auch Weibern Träume, legte Bußübungen auf, gab Erscheinungen vor und weissagete. Eines Sonntags verkündete er seinen Zuhörern, wenn sie entschlossen wären ihm zu folgen, so würde er sie zu der wahren Heilsquelle führen. Wirklich ließ sich ein Theil derselben bewegen, versammelte sich am frühen Morgen vor der Wohnung des Herrn Vikars und trat die Pilgerschaft nach dem Grenzacher Hörnlein zur Frau von Krudener an; die Polizei wies aber den Trupp in die Heimath zurük. Alles dieses bewog die Regierung des Kantons Aargau den Herrn Vikar im Anfang dieses Jahres in eine Chaise zu sezen und mit gehörigem Reisegeld versehen unter polizeilicher Aufsicht nach Zürich zu befördern, wo man ihn in seinen Geburtsort verwies. Als sich Frau von Krudener in Lottstetten befand, begab er sich zu ihr und wird nun wahrscheinlich die Zahl ihrer Missionäre vermehren. Man fragte ihn in Schaffhausen, wer er wäre; nach einigem Zaudern, weil er seinen Namen zu nennen sich scheute, sagte er ganz in hohem Tone, er seye der vielverkannte, vielverfolgte, jedoch für das Wohl der Menschheit noch immer sehr thätig arbeitende Pfarr-Vikar Ganz.

Ausser diesen finden sich noch mehrere andere Männer in dem Gefolge der Frau von Krudener, die theils minder bekannt, theils bei der Sache minder beschäftigt auch nicht durch auffallende Fleken des moralischen Charakters berüchtigt sind.

Dieses leztere ist nicht der Fall bei einem entlaufenen Studenten, dessen Namen wir nicht kennen. Er möchte mit der übrigen Masse ungenannt hingehen, wenn nicht einerseits sein vorgebliches Lehreramt, anderseits sein unsittliches Betragen durch den grellen Widerspruch zwischen beiden ihn bemerkbar und zum Gegenstand des Gesprächs und der Aergerniß machte. Während dem Aufenthalt der Frau von Krudener in Lottstetten, herbergte ein Theil des Gesindels, welches in ihrem Brod steht, in Büsingen. Dieses Volkes Aufseher und Lehrer war der Student. Er erzählte selbst, sein Vater hätte ihn wegen seines verschwenderischen und liederlichen Lebens auf die Universität nichts mehr schiken wollen, da habe er sich an Frau von Krudener gewendet, und nun, wenn er bete, habe er immer vollauf. So unterhielt er sich spottend über sein jeziges Brodgewerbe. Wir wollen den verschiedenen Anekdoten von dem ärgerlichen, sittenlosen Betragen dieses Menschen keinen Glauben beimessen, aber gewiß ist es, daß die heiligsten Worte in dem Mund eines so verruchten Kerls zur Gotteslästerung werden und daß der Versuch einer Bekehrung durch Leute seines Gelichters eher ein Mittel ist, die Menschen dem Teufel zuzuführen, als Christo, dem Regenten des tausendjährigen Reichs. So saß er einst, weidlich zechend, in einem Wirthshaus, endlich brach er auf, sagte, jezt seye es Zeit nach Büsingen zurükzugehen, um dort zu lehren, und eines Sprunges war er zum Fenster hinaus.

Wir kommen nun auf das Gesindel, welches Frau von Krudener nach sich zieht und auf dessen Betragen. Wenn im gemeinen bürgerlichen Leben unter dem Gesinde eines Hauses wenig Zucht und Ordnung ist, so hat man auch von dem Charakter der Hausfrau nicht die beste Meinung; man zählt es zu den wesentlichen Eigenschaften einer wakern, tüchtigen Hausfrau, daß sie acht habe auf ihre Leute, weder Unordnung, noch minder offenbare Sittenlosigkeit dulde. Wenn nun eine Lehrerin, von vielem Volk begleitet, umherzieht, über die Verdorbenheit der Welt seufzt, die Leute zur Buße und Bekehrung auffordert und göttliche Strafgerichte droht, wenn dieselbe ausbleibe, so erwarten wir mit allem Recht, daß sie solches ihrer Umgebung zuerst verkündigt und ihre Lehre hier den besten Eingang werde gefunden haben. Wir erwarten in ihrer Nähe Leute, die sich durch Sittlichkeit und ehrbares Betragen auszeichnen und daß alle, welche einer strengen Ordnung sich nicht fügen wollen, werden ausgestossen werden, damit Sie sich wenn nicht durch die Lehre selbst Beifall und Anhang, doch durch das musterhafte Betragen ihrer gesammten Umgebung Duldung verschaffe. Dieses ist der Fall bei mehrern kirchlichen Sekten. Wann z. B. einer durch die Lehre und die gottesdienstliche Form der Herrenhuter nicht angezogen wird, so würde er es durch die Reinheit, die allenthalben durchblikt und zur Reinlichkeit leitet, durch die Ordnung, Sittsamkeit, Wohlanständigkeit, Thätigkeit, durch ein gewisses sittliches Ebenmaaß in dem ganzen Betragen. Bei den Wiedertäufern ist es das patriarchalische Leben in Einfachheit, Unterwürfigkeit unter den Hausvater, Einklang unter den Hausgenossen, Ehrbarkeit im Reden und Handeln, wodurch sie sich Achtung und Duldung in der Gesellschaft verschaffen. So, sollte man denken, suche auch Frau von Krudener ihre Gemeinde zu erweitern und Gemüther, welche für Sittenreinheit und frommes Leben Sinn haben, schon durch das Aeussere zu gewinnen, indem ihre Umgebung das Bild darstelle, einer Menge Volks nach Vaterland, bürgerlichen und häuslichen Verhältnissen, selbst nach Sprache und vormaliger Glaubensform sich fremd, aber durch den hohen Geist des Christenthums brüderlich verbunden; — einer, zwar aus den niedrigen, oft verwahrloseten, Ständen ausgewählten, aber durch die Kraft des göttlichen Worts veredelten und zu ächtchristlicher Sittlichkeit wiedergehobenen Vereinigung.

Aber nicht nur ist dieses nicht, sondern das Betragen dieses Volkes (nicht blos der wechselnden, in dem täglich kommenden, essendem, gehendem Gesindel, aus den in drei Tagen bekehrten und dann wieder entlassenen Zuchthaus-Candidaten bestehenden Kirche), sondern derer, welche immer mit und um Frau von Krudener sind, sie begleiten, ihr voran oder nachziehen, in dem gleichen Orte mit ihr, oder in der Nachbarschaft weilen, irgendwo von ihr getrennt, sie wieder finden, auseinander getrieben, sich wieder sammeln, dieses Haufens Aufführung ist so ärgerlich, daß sie auch Leute, welche sonst nicht das zarteste sittliche Gefühl haben, anekelte. Wie kann das anders seyn? wer den Menschen nur ein wenig kennt, wird sich leicht überzeugen, daß die Bekehrung solcher Leute nicht das Werk einiger Tage, nicht die Frucht eines vorgesagten, aus Hunger nachgesprochenen, Gebets, eines ihre Seele selten erfüllenden Gesangs seyn könne. Man frage die Leute, in deren Nähe diese Ecclesia militans sich befunden, wie ihnen zu Muthe gewesen bei dem Aufenthalt so viel heimathlosen, arbeitsscheuen, sittenlosen Gesindels und wie es unter demselben zu und hergegangen? Die von verschiedenen Orten, absichtlich oder absichtlos, von den verschiedensten Menschen, bei mancherley Veranlassungen erlangten Berichte stimmen alle in der Hauptsache überein, daß derjenige, welcher dieses Gefolge ein „wanderndes Bordell" nannte, nicht so ganz unrecht gehabt haben mag, und eine arme Frau, die anderthalb Tage auch unter dem Haufen sich befand, in der Einfalt ihres Herzens bekannte: „wenn das die neue Religion seyn solle, so wolle Gott alle Menschen vor so einer Religion bewahren."

Auch die Dienerschaft der Frau von Krudener ist nicht viel besser. Sie betrügen die Herrin auf die mannigfachste schlaueste Weise und wenn sie meint, die Diener leben mit einfacher Kost, so saufen und fressen sie auf ihre Rechnung und lassen sich's wohlseyn. Ihre Anhänger finden in allem diesem nur Beweise von Gutmüthigkeit. Wir auch; aber wir verlangen, daß wer die Welt bekehren und bessern wolle, nicht eine Gutmüthigkeit besize, unter deren Schuz alle Ungebundenheit zum Aerger der bessern und in geradem Widerspruch mit der vorgetragenen Lehre ungescheut ihr Wesen treiben dürfe. Wenn Frau von Krudener über das Betragen ihres Anhanges selbst keine genaue Erkundigungen einziehen kann oder will, warum sucht sie sich nicht aus ihrer Umgebung Leute aus, die Acht haben aufs Ganze und ihr Bericht erstatten? Warum sagen ihre Missionäre nichts dagegen und handhaben diese nicht besser Zucht und Ordnung? Oder meinen sie, dieses seye gleichgültig, wenn nur geprediget, gebettet, gesungen werde? Wenn es ihnen mit der Weltbekehrung und Weltverbesserung wahrer Ernst ist, erkennen sie darin nicht ein Hinderniß, welches die Verbreitung, das Allgemeinwerden der guten Sache mächtig hemmt? Sie müßten gar einen schlechten Begriff von den Menschen haben und sich dieselben durchaus allzutief versunken glauben, wenn sie nicht überzeugt seyn sollten, daß gerade dieses die öffentliche Meinung am meisten gegen sie stimme, und manches harte Urtheil veranlasse, selbst manchen — wohl grundlosen! — Verdacht erregen könne, der ihrer guten Sache schade, wenn sie auch glauben für ihre Personen über jedes Urtheil erhaben zu seyn. Sollte daher ein Herr Köllner oder irgend ein Andrer der wichtigsten Gehülfen des Bekehrungswerks nicht ein wachsameres Auge haben; oder sollte ihm gar alles das verborgen seyn, was doch Andre gesehen haben, ohne Winkel und Eken, Scheunen und Ställe zu durchstöbern?

Von den Schiksalen der Frau von Krudener, bevor sie als Gesandtin Gottes, die Menschen zu lehren und die Strafgerichte des Höchsten, vornehmlich über die Schweiz, zu verkünden, in dieser auftratt, kennen wir wenig. Sie ist aus Riga gebürtig und mag gegenwärtig 60 Jahre alt seyn. Wenn wir nicht irren, so war ihr Gemahl eine Zeitlang russischer Gesandter am Berliner Hof. Daß sie schon als Kind durch besondre Geistesgaben sich ausgezeichnet haben mag, ist leicht zu glauben, indem sich nicht verkennen läßt, daß sie, wenn sie nun schon diese Richtung genommen hat, eine Frau von seltenen Talenten, von grosser Geistesgewandtheit ist. Sie soll in ihrem zwölften Jahr in Rom gewesen seyn, schon damals mehrere Sprachen gesprochen, viele Kenntnisse besessen haben und über alles Merkwürdige in dieser Stadt richtig haben sprechen können. Daß sie ein freyes, fast ungebundenes Leben in ihrer Jugend geführt habe, sagt sie selbst. Um so weniger ist sich darüber zu verwundern, daß sie diese Wendung genommen hat. Wir sehen dieses bei mehrern Frauen, die, wie sie, in der Welt eine glänzende Rolle gespielt haben in einer sprudelnden Fülle sinnlichen Lebens.

Die sinnliche Liebe vergeistigt sich wohl; aber auch diese, nun im Innern, in dem Gemüth waltende, Liebe kann von einer gewissen Schwelgerei begleitet werden. Um so mehr zieht sie verwandte Personen an sich und findet unter solchen bereitwillig eifrigen Anhang. In dieser Hinsicht finden wir bei den Ausschweifungen der Männer und der Weiber eine grosse Verschiedenheit. Diese neigen dabei meist zu Gutmüthigkeit hin; dem leicht gereizten Gefühl und einer beweglichen Phantasie verkommen sie nicht bald, und meist werden sie, wenn nicht fromm, doch frömmelnd, aber auch jenes oft warm und aufrichtig. Jene hingegen werden immer kälter, der geistige Funke erlischt, die Phantasie verdunstet, und meistens vereinigt sich in alten Wollüstlingen ein Wust der entmenschtesten Verderbniß.

Wir sehen Frau von Krüdener in jener neuen Gestalt zuerst in Paris. Wann sie hinkam, wissen wir nicht. Eben so wenig, ob sie sich vorher in Karlsruhe aufgehalten, und Jungs Meinung vom tausendjährigen Reiche ergriffen habe. Aber vermuthlich; weil sie in Paris diese Meinung auf die Politik anzuwenden und auf diese in Gemäßheit jener Idee zu wirken versucht hatte. Sie war dort im Jahr 1814 und verließ auch während der hunderttägigen Regierung des Usurpators, im Jahr 1815, diese Stadt nicht, ungeachtet ihre Verbindungen mit dem russischen Hofe vielleicht einigen Verdacht gegen sie hätten erweken können. In Paris erregte sie zuerst gewisses Aufsehen durch Weissagungen, die sich auf den nahen Anfang dieses tausendjährigen Reiches bezogen, so wie durch ihr seltsames religiöses Wesen. Doch war sie nur in der grossen Welt bekannt, aber von dieser ziemlich häufig besucht. Sie gefiel sich in dieser Celebrität und in dieser Verehrung. Sie bewohnte ein grosses Haus. Durch vier, fünf leere Gemächer, des Abends nicht einmal erleuchtet, gieng der Weg in das Allerheiligste, in welchem die neue Priesterin auf ihrem Ruhebette lag; einige Strohstühle für die gekommenen Zuhörer waren das einzige Geräthe, das sich darin fand. Hier war noch keine Rede von den Armen, von einem Bettler-Gefolge, nur vornehmer Besuch hörte die Worte der Weihe. Dahin hätte es dem Anschein nach an einigen Orten der Schweiz, sollen gebracht werden, indem man Veranstaltung getroffen, daß nur, was man Honoratioren nennt, zu ihr gelangen konnten.

In Paris soll es gewesen seyn, wo sie Kaiser Alexandern das Evangelium geprediget habe und wo auf ihr Geheiß (wie wenigstens sie sagt) dreimalhunderttausend Krieger sammt dem Kaiser vor dem Allmächtigen sich gebeugt hätten. Das Gerücht sagt, der Kaiser habe sie oft besucht, ihre Reden angehört, an ihren gottesdienstlichen Uebungen Theil genommen. Ob es wahr seye, oder ob solches nur gesagt werde, um ihrer Person höhern Werth, ihrem Wesen grösseres Gewicht beizulegen, weil solcher Vorgang auf den grossen Haufen, zumal eines höhern gesellschaftlichen Ranges, ungemein viel wirkt, können wir nicht entscheiden. Eben so wenig wissen wir, auf welchen Gründen die Sage beruht, daß sie an der Stiftung des heiligen Bundes grossen Antheil habe. Auch dieses wird von vielen ihrer Anhänger behauptet; wir sehen darin keine absolute Unmöglichkeit.

Was sie bewog, Paris zu verlassen, wo sie einerseits so viel bekehren und den Reichen so derbe Wahrheiten sagen, anderseits des Elends und der Armuth in ihrer bejammernswerthesten Gestalt sich hätte annehmen und die Tröstungen der Religion mittheilen können, wissen wir nicht. Vielleicht fand sie zu wenig Empfänglichkeit für ihre Predigt und keinen Stand des leichtsinnigen Volkes ernst genug, um ihr Gehör zu geben; vielleicht war das Aufsehen zu gering, welches sie unter einer gewaltigen Menge, die planlos von einer Neuigkeit zu der andern rennt, erregen konnte. Sie wandte sich nach der Schweiz und erschien zuerst in Basel. Es war im Herbst des Jahres 1815, nach vor der Rükreise Kaiser Alexanders in seine

Staaten, als sie in das Dorf Biningen kam, nahe bei der Stadt Basel. Nach kurzem Aufenthalt allda, während welchem sie einigen hysterischen Weibern von Basel Vorlesungen hielt, gieng sie in diese Stadt selbst. Anfangs war sie ziemlich unbekannt und ohne grosses Geräusch zu erregen. Sie verkündigte ihre Lehre nur in dem engern Kreise einer kleinen, auserwählten Gesellschaft. Doch war diese Lehre von solcher Beschaffenheit oder schien solche Folgen nach sich gezogen haben, daß die Regierung schon damals nicht gleichgültig bleiben konnte, und die öffentlichen Blätter gaben von ihrem Daseyn zum erstenmal dunkle Kunde: in der kurzen Anzeige: „ein Kreis in „welchem mystische Vorlesungen gehalten wurden, hat die „Aufmerksamkeit der Regierung auf sich gezogen." Worin aber das Auszeichnende ihrer Lehre lag, wußte Niemand. Die Einen sprachen von Schwedenborgianismus, die Andern von mystisch-politischem Unsinn, Jeder deutete oder muthmaaßte nach denjenigen einzelnen Bruchstüken, die er gehört hatte. Im Grunde aber haben alle Sektenstifter oder phantastische Schwärmer, welche sich als Weltverbesserer und Bekehrer ankünden, Manches unter einander gemein, eben so wie hinwiederum nie zwei mit einander übereinstimmen, sondern Alle von einander mannigfaltig abweichen.

Warum Frau von Krudener sich gerade nach Basel gewendet, läßt sich nur muthmaaßen. Vielleicht mag sie sich in keiner eidgenössischen Stadt eine so bereitwillige Aufnahme, so geneigtes Gehör für ihr von Gewohnheit und Uebung abweichendes religiöses Wesen versprochen haben. Es herrscht dort mehr, als anderwärts, schon seit langem her eine gewisse religiöse Düsterheit, viel Sektengeist und Empfänglichkeit für eine in sich gekehrte, die Welt trübsinnig anschauende, Frömmigkeit, hinter welche sich aber manche Leidenschaft verbergen, ja wohl besser Nahrung finden kann. Mag sie es gewußt haben, daß auch ein grosser Theil des dortigen Clerus nicht abgeneigt ist einer Glaubensform, welche zwar einerseits viel Wärme und Gemüthlichkeit in die Vorstellung der Verhältnisse des Menschen zu Gott bringt, anderseits aber den Ansichten vom Leben und den Verhältnissen zur Welt einen gar zu dunkeln Anstrich gibt.

Sie bewohnte in Basel den Gasthof zum Wildenmann. Der Zirkel, in welchem sie lehrte, bestund anfangs nur aus wenigen Geistesverwandten, lauter Personen, welche schon längst wegen Pietismus bekannt waren. Die Andachtsstunden wurden in ihrem Zimmer gehalten. Die Unterhaltungen begannen mit einem stillen Gebet, dann sprach Herr Empeytas, ein lautes Gebet und hielt hierauf, in gebildeter Form, oft mit grosser Beredsamkeit, einen Vortrag über religiöse Gegenstände, doch in französischer Sprache; ein Gebet, das von allen Anwesenden nur knieend durfte angehört werden, machte den Beschluß. Die Sache wurde ruchtbar und die Neugierde, eine solche Lehre zu hören, und die Lehrerin (sie sprach zwar bei dieser öffentlichen Unterhaltung selbst nichts), von welcher das Gerücht schon so viel gesagt hatte, zu sehen, lokte bald eine solche Menge Menschen jedes Alters, Geschlechts und Standes herbei, daß in dem Zimmer der Frau von Krudener nicht Raum mehr war und sie ihre Zuflucht zu der Wirthsstube nehmen mußte. Wer für empfänglicher gehalten wurde, oder begünstigt werden wollte, der erhielt besondern Zutritt bei ihr und es verlautete, daß man auch hier, wie einst in Paris, nur durch mehrere dunkle Zimmer zu ihr gelangt seye, in deren hinterstem man sie in idealischer Priesterkleidung erblikt habe. In wiefern dieses wahr seye, lassen wir unentschieden, seit einiger Zeit hat sie wenigstens Niemand mehr auf diese Weise gesehen. Anfangs bestand ihr Lehren mehr in Auslegung biblischer Sprüche und einiger der wichtigsten Glaubenspunkte, wie z. B. vom Sündenfall, der Menschwerdung; Prophezeiungen waren seltener; Drohungen von Strafgerichten wurden noch nicht gehört, denn es verdient bemerkt zu werden, daß diese in dem Maaße zugenommen haben, in welchem man um der Verwirrung willen, die durch diese Frau ist gestiftet worden, sie nicht mehr dulden wollte. Nach und nach wurden die Prophezeiungen häufiger, und die Verkündungen des tausendjährigen Reiches immer bestimmter. An diejenigen Personen, die sie des besondern Zutritts würdigte, entweder weil sie grössere Aufmerksamkeit an ihnen bemerkt hatte, oder Einfluß vermuthete, oder die ihr gar besonders der Besserung zu bedürfen schienen, hielt sie noch überdem Ermahnungen mit besonderm Nachdruk, so daß vorzüglich Mädchen aus angesehenen Familien, wie denn in Basel das weibliche Geschlecht ausgezeichnet vielen Hang zu religiöser Schwärmerey zeigt, plözlich ihr ganzes Benehmen änderten. Einige brachten ihre Spargelder zu Frau von Krudener, damit sie durch dieselbe den Armen vertheilt würden, Andre hiengen die Köpfe und wurden immer trübsinniger. Den meisten Vätern war dieser Enthusiasmus der Töchter für die neue Lehre gar nicht recht, sie bemerkten auch

ten überliessen, die Hausgeschäfte ver[illegible]umt würden. Hierüber führten sie Klagen, zu denen sie freilich bald nachher minder Anlaß fanden, weil sich die Neigung für die Frau von Krudener bei dem weiblichen Geschlecht verlohr, sobald sie sich gegen den Ehestand erklärte und einigen jungen Mädchen das Heirathen ausdrüklich verbot. Aber man wurde andere nachtheilige Resultate ihrer Lehre gewahr, wie: Zwist und Zerwürfniß in Ehen; einige Menschen wurden am Gemüth angegriffen; ein Mann ward wahnsinnig, daß man ihn in das Irrenhaus versorgen mußte; das Sonderbare dieses religiösen Wesens gab Anlaß zu vielen Spöttereyen; es fielen selbst in den Versammlungen ärgerliche Auftritte vor.

Der Unfug dieses Lehrens, die schädlichen Folgen, welche eine solche Gemeinmachung des Heiligen nach sich ziehen muß, was keinem Geistlichen gleichgültig seyn kann, mochten schon im Januar 1816 Herrn Pfarrer Fäsch Veranlassung gegeben haben, diese Sache in einer Predigt zu berühren, worinn er nach Apost. Gesch. II., 42. „über einige der vorzüglichsten Kennzeichen der christlichen Kirche“ sprach. Da nun im Aprill 1816 die Zeit war, daß Herr Empeytas um verlängerte Aufenthaltsbewilligung für Frau von Krudener nachsuchen mußte, so fand die Regierung für gut, es Herrn Empeytas frey zu stellen, wenn er als ordinirter Geistlicher sich ausweisen könne, an der hiezu geweiheten Stelle Vorträge zu halten, und wies ihm hiezu die französische Kirche an; aber aller Winkelgottesdienst und diese Art religiöser Unterhaltungen wurden aufs Strengste untersagt. Denn schon lag hinreichend am Tage, was aus dem Umsichgreifen einer solchen Lehr- und Lebensweise für die Gesellschaft, so wie für Einzelne, entstehen müsse. Frau von Krudener befand sich damals noch nicht auf der Höhe, auf welcher sie Widersezlichkeit gegen die Befehle der Obrigkeit Gehorsam gegen den Willen Gottes nennt. Sie hatte auch noch nicht Ruhms genug, um sich den Verfolgungen entgegen zu drängen. Herr Empeytas wollte das Anerbieten der Regierung von Basel nicht annehmen und Frau von Krudener fand für gut nach dem Befehl der Regierung den Kanton Basel zu verlassen. Wir nennen dieses den ersten Schritt zu ihrer seitdem immer grösser gewordenen Exlebrität, welche durch diese Verbote, (Verfolgungen nennt sie's glaubensstolz und will damit die Unempfänglichkeit der Schweiz für Seelenheil beurkunden) immer lauter und schallender geworden ist und durch eine natürliche Wechselwirkung die Partheien für sie und gegen sie immer grösser, die Theilnahme ernster, des Redens mehr gemacht hat.

Von Basel wandte sich Frau von Krudener in den badenschen Fleken Lörrach, um der Stadt Basel und ihren Anhängern in derselben nahe zu seyn. Wirklich blieb sie in steter Verbindung mit denselben, welche öfters zu ihr herauspilgerten, auch hatte sie anfangs sonst noch zahlreichen Zulauf. Bald aber vergieng der Reiz der Neuheit, die Besuche liessen nach, immer Wenigere kamen zu ihr heraus und zulezt erlosch das Aufsehen, welches sie anfangs gemacht hatte, fast ganz. Ueberdem kam sie noch in Berührung mit der badenschen Polizei, weshalb sie eine kleine Reise ins Elsaß machte. Da sie dort in das Steinthal kam, soll sie von einem Begeisterten mit den Worten empfangen worden seyn: „Bist du das Weib „aus Norden?“

Sie hielt sich nur kurz im Elsaß auf und begab sich sofort nach Aarau, wo sie den Gasthof zum Ochsen bezog. Dort war sie noch i n n e r den Mauren einer Stadt, seitdem aber hat sie sich nie mehr i n Städten aufgehalten, sondern immer v o r denselben ihren Wohnsiz aufgeschlagen. Ob in diesem Vermeiden der Städte ein Plan liege, oder ob dieses nur, wie so manches andre, weit auffallendere, zu ihren Eigenheiten gehöre, das kann wohl nicht entschieden werden. Auch in Aarau wurden die Unterhaltungsstunden wie in Basel eingerichtet und dem Landvolk, das, zumal aus den protestantischen Gemeinden von Suhr her, hinzu wallfahrtete, Predigten gehalten. In diesen unterhielt und erbaute Frau von Krudener *selbst* des Vormittags, Nachmittags hielt Herr Empeytas für einen auserwählten Zirkel *Gebildeter* Vorträge in französischer Sprache. Von Aarau giengs weiter zu den alten Fräulein von Diesbach nach Liebegg, einem Schloße in dem Thale von Kulm. Dort war die Menge des herbeikommenden Landvolks noch größer und Frau von Kru-

Schlosse zu halten. Von ihrem dortigen Aufenthalt und Wirken gab einer ihrer Anhänger, Joh. Heinrich *Speisegger*, in dem Juniusstüke der „schweizerischen Monatschronik" vom Jahr 1816 folgende Nachrichten, welche uns den Standpunkt zeigen können, von welchem ihre Anhänger sie betrachten, so wie die Sprache, in welcher sie von ihr sprechen.

„Frau von Krudener, sagt er, befindet sich seit einiger Zeit in Liebegg, einem Schlosse 2 Stunden von Aarau, und sezt dort ihre Erbauungsstunden zum grösten Segen vieler Tausend in der Nähe und Ferne fort, mit Hülfe dreyer standhafter Bekenner und Beförderer der christlichen Religion. Es herrscht in dieser Gegend umher gleichsam eine allgemeine Gährung unter den Menschen, in Rüksicht ihres sittlichreligiösen Zustandes, ohne daß mit Grund der Wahrheit kann gesagt oder nur vermuthet werden, daß jemand von einem gefährlichen sectierischen Geiste überfallen sey; eine ungeheure Menge Heilsbegieriger Seelen strömt herbei, um Theil zu nehmen an diesen gottesdienstlichen Unterhaltungen. Am lezten Himmelfahrtsfeste zählte man dort gegen 2000 Menschen, die sich um diese liebenswürdige Frau versammelten und mit der gespanntesten Aufmerksamkeit das *Wort des Lebens aus ihrem Munde* hörten. Viele, die vorher dem trostlosen Atheismus oder dem armseligen Deismus nachhingen, sehen sich jezt von ihren heillosen Irrthümern befreit, und beugen sich ehrfurchtsvoll unter das Kreuz Jesu."

„Der bekannte Herr B., dem wir das Glük verdanken, diese verehrungswürdige Christinn in unserm Kanton zu sehen und zu hören, fand sich in seinen Erwartungen nicht getäuscht. Sein Forschen erregte auch in Ihm den Wunsch diese von so vielen Menschen mißkannte, von vielen auch mit Grund der Wahrheit geschäzte Frau von Krudener zu sehen und zu sprechen. Und dieser würdige Greis erkannte mit Ehrfurcht und gerührtem Herzen eine Christinn, die auf einer seltenen Höhe des Christenthums steht. Ihr Wirken im Guten in unserer Gegend ist des Dankes und Lobes werth, und kein wahrer Christ kann die Absichten des himmlischen Vaters bei diesem in so mancher Hinsicht sonderbaren Geist der Zeit mißkennen. Die unbeschränkte Liebe zu Jesu und seinem heiligen Evangelium, mit der Frau von Krudener auf manches Herz wirkt, auch selbst ihr Gruß, den auch ein Theil unserer katholischen Mitbrüder beibehalten hat, „Gelobt sey Jesus Christ!" und ihr ganzes nachahmungswürdiges Betragen beweist, daß sie ein treues Werkzeug des Guten in der Hand des Herrn ist — dessen göttlicher Wille nichts anders ist, als zu suchen und selig zu machen, was verlohren ist."

Wie aber diese Predigten durch Frau von Krudener häufiger gehalten, von dem umwohnenden Volk zahlreicher besucht wurden, ward auch die Regierung des Kantons Aargau aufmerksam. Die Polizei bekam Weisungen. Frau von Krudener hielt aber für gut, diese nicht zu bemühen, sondern entfernte sich.

Sie gieng nun nach Bern. Dort hielt sie sich eine kurze

Zeit auf, ohne das mindeste Aufsehen zu erregen und ohne besucht zu werden. Bald zog sie die Nähe von Basel wieder an und in der Mitte Juni's 1816 finden wir sie eine Stunde von dieser Stadt auf der badischen Gränze, in dem sogenannten Gränzacher-Horn. Es ist dieses eine verruffene Kneipe, in der sich wegen ihrer Lage an zwei Gränzen aller Art schlechtes Gesindel in Menge einfindet und da sein Wesen treibt, wo es dann freilich für Bekehrungssüchtige Arbeit genug gäbe, und wo vielleicht auch der Werbplaz einer grossen Zahl Gesindels war, welches Frau von Krudener auf ihren Wanderungen nach zieht. Ihren Andachtsübungen strömte wieder eine Menge Volks zu aus dem Badischen, dem Elsaß, dem Baslergebiete, und andern Schweizergegenden.

Je grösser und weiter verbreitet der Ruf wurde, welchen Frau von Krudener und ihre geistlichen Amtsgehülfen durch ihre Lehren erhielten, je zahlreicher die Volksschaaren um ihren Wohnsiz sich drängten, desto eifriger wurden auch die Vorträge und ganz geeignet, den Sinn der nie überlegenden Menge, zumal in einer bedrängten Zeit, zu fesseln. Von einer am Hause befindlichen Treppe wurde dem, besonders an den Sonntagen häufig sich einfindenden Volk von Gottes Strafgerichten, Erdbeben, Theurung, bösen Seuchen und dem jüngsten Gericht gepredigt und wahrscheinlich war es Herr Köllner, der einst am Ende einer Rede in solchen Paroxismus fiel, daß seine Kniee wankten und er zulezt weggeführt werden mußte. Blinde, Krumme, Lahme, Krüppel, Bettler, Heimathlose, Landstreicher, das vielgestaltigste Gesindel, fanden Zuflucht, Obdach, Speise. In der Bekehrungssucht, womit Frau von Krudener befallen ist, meint sie, Philosophen, Atheisten, Deisten, Freudenmädchen,

Zöllner und Sünder aller Art wieder auf den rechten Weg geleitet, zur Gottseligkeit gestärkt zu haben.

Obwohl sie nicht nach Basel durfte, gieng man dennoch zu ihr hinaus und ihre Aussendlinge durchspürten alles, suchten die Verbindungen zu erhalten, neue anzuknüpfen, alles auszuspähen, an öffentlichen Oertern und in den verborgensten Winkeln alles genau zu erkundigen, was nachmals als Mittel, ihrem Ruf einen wundersamen Schein zu verleihen, konnte benüzt werden. Thatsachen aber, wie folgende Anekdote, deren faktische Wahrheit verbürgt werden will, könnten über das ganze Wesen, wenigstens ihrer Gehülfen und Umgebung einen hellen Aufschluß verbreiten. — Ein junger Fremder von angesehenem, reichem Hause in Deutschland befand sich in Basel in einer mißlichen Lage. Mit seiner Familie entzweit, erhielt er, wiewohl er ein ansehnliches Vermögen besaß, keine Unterstüzung von derselben. Seine Lage war nicht unbekannt; sie sollte zur Erhöhung des Ansehens der Frau von Krudener benüzt werden. Unerwartet erscheint bei ihm ein Missionär der Frau von Krudener, und verspricht ihm, dieselbe würde alle seine Schulden bezahlen, wenn ihm dadurch geholfen wäre, er solle nur zu ihr hingehen; aber er müßte sich dazu verstehen, ihr zu sagen, daß sie ihm im Traum erschienen wäre und Hülfe versprochen hätte und so würde diese gewiß nicht ausbleiben. Der junge Mann verwarf aber den Vorschlag, und erklärte, daß er sich nie zu einem so gemeinen Werkzeuge die Welt zu blenden würde gebrauchen lassen.

Wir sind noch geneigt, Frau von Krudener an diesem schändlichen Machwerk unschuldig zu glauben. Gutmüthig, schwärmerisch, leicht bethört, könnte sie das Spiel schlauer, eigensüchtiger Menschen seyn. Diese mochten wohl gekannt haben, wie ein solches Vorgeben sie einnehmen, in ihren Meinungen bestärken, bei dem leichtgläubigen Volk Staunen erweken würde. Wohl vertraut mit den Schwächen der Gebieterin, wußten sie sicher, daß sie nicht nachforschen, sondern vielmehr im Wahn eines göttlichen Rufes erfüllen würde, was sie dem jungen Menschen verheissen hätten. Denn man hat es auch anderwärts gesehen, daß sie das Spielwerk der gemeinsten Heuchler ist, und daß ihre Urtheile meistens nach dem Benehmen und der Miene der Menschen bei ihren gottesdienstlichen Uebungen sich richtet. Daher sie sich hundertmal täuscht, tausendmal hintergangen wird und meint ihre Ermahnungen hätten einen guten Boden gefunden, wo sie nicht einmal für Momente haften. Sie hat unschuldige und reine Seelen da gefunden, wo das bekanntere Leben einen Wust der niedrigsten Versunkenheit dargethan hat, und vielleicht umgekehrt. So meinte sie ein Freudenmädchen von Basel ganz gewonnen zu haben, weil es den Tag über bei ihr verweilte, wußte aber nicht, daß es im Geheimen sein Wesen dennoch, wie zuvor, fortrieb.

Wenn zwar ihre Predigt auf wenige Reiche die Wirkung hatte, wie auf Herrn Professor Lachenal, ja im Gegentheil diese sich nach und nach immer mehr von ihr zurükzogen, so wirkte sie desto mehr auf das müßige Volk, welches bald mit jedem Tage zunahm. Die Almosen, welche sie ohne Unterschied und ohne Rüksicht auf Würdigkeit spendete, die ohrenkizelnde Lehre von besondrer Erwählung der Armen, die sie verkündete, die herben Seitenhiebe, welche sie allerwärts auf die Reichen fallen ließ, waren mächtige Lokungen, um immer eine zahlreiche Zuhörerschaft zu haben. Schwärmerei und die dieselbe stets begleitende Eitelkeit, verbunden mit Gutmüthigkeit, mißt ihren Worten und Lehren allzuviel

Kraft bei, als daß sie an dem dadurch erfolgten musterhaften Lebenswandel der Zuhörer zweifeln sollte. Oder ist es Gleichgültigkeit, welche nach der Aufführung nicht fragt, wenn nur der Haufe groß ist? Wenigstens ist das noch überall der Frau von Krudener zur Last gelegt worden und hat größtentheils die Maaßregeln der Regierungen gegen sie erwekt, daß sie so vieles sittenloses Lumpengesindel hinter sich herziehen und in ihrer Nähe hat, und daß kein Unfug, keine Schlechtigkeit ist, welche von demselben nicht verübt würde. Die Bewohner der dem Grenzacher-Hörnlein benachbarten Höfe und Ortschaften beklagten sich, daß sie von Gesindel, Bettlern und Heimathlosen, welche von der Frau von Krudener etwas zu erhaschen hofften, so zu sagen, belagert seyen. Es wurden Höfe sogar ordentlich gestürmt, damit die, welche sie hören wollten, Obdach fänden. Man verspürte auch in der Nähe ihres Aufenthalts Diebstähle aller Art. Alle diese Umstände zusammen genommen, bewogen den Rath von Basel, das Badensche Oberamt zu Lörrach zu bitten, hier Ordnung zu schaffen. Freundnachbarlich entsprach dieses dem Begehren und ließ am 23. Januar bei Einbruch der Nacht das Hörnlein mit Landjägern umringen und die Bettler, Siechen und Lahmen nach Lörrach abführen. Dem Lehren der Frau von Krudener wurden aber dabei keine Schranken gesezt, denn gleich drei Tage nachher, Sonntags den 26. Januar, ließ sie sich wieder vor einer zahlreichen, doch ehrbarern, Versammlung hören.

Vermuthlich hatte aber die Regierung von Basel, wegen dem nachtheiligen Einfluß, den auch die Lehre der Frau von Krudener äusserte, ebenfalls auf ihre Entfernung angetragen. Daher schrieb Frau von Krudener unter dem 14. Februar dieses Jahrs an den Großherzoglich Badenschen Minister Herrn von Berkheim folgenden Brief.

Grenzacher-Horn, den 14. Febr. 1817.

Mein Herr!

Da ich öffentlich des Ungehorsams gegen Behörden bezüchtigt worden bin, was mit dem Geiste des Friedens und der Sanftmuth, den ich jedermann empfehle, und der die Grundlage meiner Handlungsweise seyn wird, im Widerspruche steht, so sehe ich mich zum erstenmale genöthigt das Stillschweigen zu brechen, welches ich mitten unter allen den Unbilden, aller der Schmach und Verfolgungen, deren Ziel ich bin, und die mit Geduld, ja oft mit Freude zu erdulden, der Herr mir Gnade geschenkt hat, stets ertragen habe. Ich erkläre also, daß ich mich auf keinerlei Weise den Behörden habe widersezen wollen, insofern diese mit ihren Maaßnahmen nicht in Widerspruch mit den Geboten standen, denen ich mehr gehorchen muß, da sie von Gott kommen, und für die ich bereit seyn soll, mein Leben dahin zu geben. Ich konnte also, ungeachtet des amtlichen Verbots, Niemanden, wer es auch sey, Aufenthalt zu geben, weder bey mir noch in den Zimmern, die ich in der Nähe meines Hauses gemiethet hatte, (und wo man mir im Anfange meines Aufenthalts Gastfreiheit zu üben erlaubt hatte), diesen Maaßregeln ohne bey so vielen Anlässen Verbrechen zu begehen, unmöglich gehorchen.

Wenn Sie, mein Herr, das Elend kennten, welches diese Gegenden aufzehrt, so würden Sie meine Lage leicht begreifen. Urtheilen Sie selbst, ob in diesen Zeiten der Trübsal, wo Tausende ohne Arbeit und ohne Unterhalt umherirren, wo ich von Hunger und Qual erschöpfte Mütter kommen sah, die ihre armen Kinder zu meinen Füßen legten, mir die gräulichen Anfechtungen sagten, die sie bestürmten, und in ihrer bittern Verzweiflung auf den Rhein zeigten, ob ich ihnen da eine Zuflucht verweigern durfte. Ein andermal waren es abgelebte Greise, die mühsam sich zu der Freistätte hinschleppten, wo man Gott mehr fürchtet als die Menschen; noch ein andermal (denn ich führe nur Thatsachen an), waren es Kranke, die mit den heftigsten Schmerzen geplagt ankamen, und die wußten, daß durch das Gebet im Namen Jesu Christi die Heilung erhalten wird. Wiederum nach Einsiedeln wallfahrtende Pilgrimme, so betagt, daß ich bey den Wilden, wo man die grauen Haare achtet, keiner Vertheidigung bedurft hätte. Ich kann Ihnen versichern, daß ich deren Neunzigjährige gesehen hatte. Wie nun, sollte ich Leute zurük weisen, die gekommen waren mich zu besuchen, oder die zu spät angekommen waren, um sie weiter zu schiken. Uebrigens ist es Ihnen bekannt, mein Herr, daß man in Ihrem Lande niemanden aufnehmen darf, ohne eine starke Strafe zu bezahlen, wenn man nicht besondere Erlaubniß hat. Wenn ich konnte, und es nicht zu spät war, so schikte ich diese Erlaubniß einzuholen, aber oft war es der Entfernung halber unmöglich. Ich wiederhole es, wo ich nicht durch die Wüste der Civilisation wandern müßte, wäre weder eine Vertheidigung für mich nothwendig geworden, noch würde ich gegen Geseze zu kämpfen haben, die durch das Gesezbuch, welches ich einzig anerkenne, nämlich durch dasjenige des lebendigen Gottes, verworfen sind. Ich werde Ihnen Beweise geben, mein Herr! daß die Versehen, welche mir den Tadel Ihrer Regierung zugezogen haben, für mich unausweichlich waren, wenn ich nicht auf die Religion verzichten wollte, in der ich gebohren bin, und die ich ausübe; auch gebietet mir die Achtung für Sie, mein Herr, mich für überzeugt zu halten, daß Sie gleich mir würden gehandelt haben.

Eine andere Beschwerde Ihrer Regierung ist: diejenigen nicht zurükgewiesen zu haben, welche mir ihre Gewissensangelegenheiten eröffneten, und meine Fürbitte begehrten, und daß ich solche ihren Seelsorgern nicht zugeschikt hätte; allein sie kamen oft sehr weit her, sogar aus andern Ländern her, auch waren sie wohl zuweilen von ihren Seelsorgern selbst geschikt worden, waren niedergeschlagen, von Gewissensbissen gepeinigt, der fürchterlichsten Verzweiflung nahe. Ein andermal waren es Leute, die gar keine Seelsorger hatten, und nicht zur Kirche giengen, weil sie nicht bekehrt waren; andere die es wegen ihrer Kleidung nicht wagen durften hinzugehen, was in den protestantischen Gemeinden öfter der Fall ist, als man denken sollte. Auch gab es Juden, gerührt und ergriffen von der Schönheit des Evangeliums und endlich Priester und Seelsorger selbst, mit denen ich betete.

Schon seit Jahren gewöhnt, Menschen aus allen Ständen zu sehen, die mir die tiefsten Falten ihrer Herzen aufdekten, hatte ich immerfort diejenigen ihren katholischen Priestern zugeschikt, welche die Beichte unterlassen hatten, wie hätte ich eine solche Menge von Seelen zurükweisen dürfen, wie ich durch diese Gegenden kommen sah. Nicht ich hatte sie herbeygerufen, der Herr allein nur kann Gnade und Kraft schenken, Er allein kann das Wunder der Bekehrung bewirken, und wählt sich dazu die Werkzeuge nach seinem Wohlgefallen. Er hat niemanden befohlen Prediger zu werden, aber er hat gesagt, daß wer sein Schüler seyn wolle, [illegible] verlasse, sich selbst verläugne, sein Kreuz auf sich nehme und ihm nachfolge. Dann wird er seinem götlichen Meister Seelen zuführen, er wird die Salbung des heiligen Geistes empfangen, und zu der lebendigen Kirche gehören. Er wird Wunder der Bekehrung sehen, und Wunder jeder Art. Er wird mit Schmach, mit Lügen und Verläumdungen überhäuft werden, er wird von der Welt gehaßt seyn und für seine blinden Verfolger bitten. Erst alsdann und nicht eher wird er Prediger seyn können, und darum sagt der heil. Joh. Chrysostomus: „Jedes Kind Gottes ist ein Prediger, aber nicht jeder Prediger ist ein Kind Gottes.

Das ganze Leben derer, die sich diesem erhabenen Dienste weihen, muß mit Beredsamkeit sprechen, sie haben nicht nöthig die Kanzel zu besteigen, sie beten und dulden, und erhalten alles. Sie beten nur um zu lieben und ihren anbetungswürdigen Herrn zu verherrlichen. Sie haben kein Vaterland, oft keinen Zufluchtsort, sie begeben sich der irdischen Lüste nicht, denn ihr Theil ist eine andere Glükseligkeit, die Freuden des Himmels erfüllen sie, und ihr Zufluchtsort ist das Herz ihres Gottes, der ihre erhabene Burg ist. Warum auf das Geschrei und die Verfolgungen achten, die sie treffen, — sie schlafen, wie der heil. Stephan mitten unter den Steinen ein, die gegen sie geschleudert werden, und geniessen, indem sie entschlafen, die erhabenen Aussichten in die Ewigkeit.

Das ist die Kirche, die sich bilden soll, und sich wirklich bildet, während das gesellschaftliche Gebäude durch die Kunstgriffe der Finsterniß seinem Einsturz nahe gebracht, nichts als eine Kette von Ungerechtigkeiten, und ein Gewebe von Lügen, darbietet. Nie wird es etwas lebendiges, beständiges geben, als das, was der lebendige Gott gut heißt. Und er allein, der das Herz des Menschen schuf, weiß, was der menschlichen Gesellschaft zuträglich ist. Er allein kann Geseze geben; wehe den Staaten die dies vergessen! Er wendet sich mit Abscheu von der Ungerechtigkeit. Seine ewigen Geseze sind die Heiligkeit des Lebens und die Liebe des Herzens. Laßt uns hören, was der Prophet spricht: „Brich dem Hungrigen dein

„Brod, und die so im Elend sind, führe ins Haus. So du „einen nakt siehest, so kleide ihn, und entziehe dich nicht von „deinem Fleisch." (Jes. 58, 7.)

Alles, was demnach nicht auf den lebendigen Felsen, auf den Ekstein gegründet ist, wird zerbrochen werden. Die Zeit ist nahe, da alles Fleisch umkommen wird, wo auf kein Menschenmachwerk, noch auf das Werk des Geschöpfs Rüksicht genommen wird, denn das Herz des Menschen ist verzweifelt böse, spricht der Prophet. Was kann man demnach von diesem Geächteten erwarten, welchen der Fall im Winkel der Verdammniß bezeichnet hat? Der wiedergeborne Mensch allein findet seine Rechte zu den Füßen des Kreuzes wieder, und nur einzig die Staaten, welche auf die ewige Grundlage des Willens des Allerhöchsten und auf die Gebote gegründet sind, die er gegeben hat, werden von ihm beschüzt.

Er selbst kommt wieder, den Zepter zu nehmen, Er, den die ganze Welt entthronen wollte, der über den Cherubinen sizt, und der das Nichts, das sich gegen ihn zu empören vermaaß, wieder in Staub verkehrt. Er hat lange Mitleid mit diesen Blinden. Er ist langmüthig, weil er ewig ist, sagt der heil. Augustinus. Aber endlich wird er müde, und der Verwegene, der ihm wiederstrebt, wird von der Erde weggewischt; der Wind der Zerstörung führt ihn zum schreklichsten Gerichte hin. Die Zeit ist vorhanden, wo auch die Königreiche der Erde schreien werden, aber sie werden nichts als Ungewitter zur Antwort haben.

Aber vorher will er noch retten, was zu retten ist. Er, der Ewige ist es demnach, den man fragen muß, wenn man fragen darf, warum er noch die Seinigen habe, warum er noch Boten des Friedens habe mitten unter den Stürmen, welche die

Menschen empören; warum jene alte Barmherzigkeit noch ist, die nicht den Tod des Sünders will. Warum Er in seiner unermeßlichen, immer so tiefen, so erfindungsreichen, über alle menschlichen Fassungskräfte so hoch erhabenen Liebe, immer noch von der Höhe jenes Kreuzes, an das ihn seine unermeßliche Liebe heftete, ruft: Mein Sohn, gieb mir dein Herz, und laß mich dich aus dem Abgrund ziehen!

Zu den Füßen dieses Kreuzes, mein Herr! habe ich gelernt, an meine Brust zu schlagen, und ihn zu lieben. Ich habe jene Stimme gehört, welche die Sonne wird erblassen machen, und die es nicht für zu geringe hält, sich in das Herz des Menschen herabzulassen. Wie hätte ich ihr widerstehen können. Ich habe meine strafbare Undankbarkeit beweint, ich hatte ihn nie geliebt, den Gott, der die Welten und die Menschen nur darum rief, damit sie die große Beurkundung seiner Liebe wären. Von nun an dachte ich an nichts als an seine Verherrlichung, und kannte kein anderes Bedürfniß als ihn zu lieben.

Das ist jezt und von jeher der Ruf gewesen, der an die Herzen derjenigen ergangen ist, denen die große Predigt der Liebe aufgetragen wurde. Nur den Himmel im Auge zu haben, und gleich einem Strome alle Seelen mit sich fortzureissen, die fähig sind, einst den Himmel zu bewohnen, sie zu lehren im Namen ihres Gottes den Lastern dieser Welt zu entsagen, und auf ihre Stirnen das Siegel der Kindschaft und der Glükseligkeit drüken zu sehen, und der Welt und der Hölle ihren Theil zu lassen, der da ist Haß, Spott und Schmach.

Man mag demnach Aergerniß daran nehmen oder nicht, daß der Herr große Thaten durch ein Weib verrichtet, mag man einen unendlichen Haß auf sie werfen, oder sagen, daß sie zu viel geachtet werde, alles dieses ist gleichviel. Dieses Weib bittet für die, von denen es heißt, daß es besser wäre, wenn ihnen ein Mühlstein an den Hals gehängt, und sie in die Tiefe des Meeres geworfen würden, als daß sie einen dieser Kleinen betrübten, die an ihn, den Allmächtigen, glaubten. Dieses Weib sagt, daß in der Liebe die große magische Kraft liege, der am Ende nichts widerstehe, und daß die größte aller Kräfte darin bestehe, an die Worte zu glauben: „Alles, was ihr in meinem Namen bittet, das werdet ihr empfangen.“

Ja! ich besize alles, denn ich besize das Herz meines Gottes. Halten Sie, wenn Sie es im Stande sind, durch menschliche Gewalt diejenigen zurük, welche wissen, daß jedes Gebet dieses so verfolgten Weibes erhört wird. Als ich vor sechs Monaten dem Befehl der Badenschen Regierung nachkommen wollte, welche die Zusammenkünfte untersagte, die verschiedene Schüler des Herrn bei mir hielten, und mir alle Mühe gab, mich an den festgesezten Tagen in Landhäusern, wo ich unbekannt war, zu verbergen, so fanden mich dennoch auch da eine Menge von Menschen, ungeachtet mir etwas Ruhe sehr erwünscht gewesen wäre.

Der Befehl steht demnach dem Herrn zu, und der Gehorsam dem Geschöpfe. Er wird es aufhellen, warum die schwache Stimme eines Weibes vor den Völkern erschollen ist, warum diese Stimme im Namen Jesu Christi so vieler Gottlosen die Kniee bog, den Arm der Verbrecher zurükhielt, der stummen Verzweiflung Thränen entlokte, und durch das Gebet zu seinen Füßen die Mittel erlangte, die Tausend und Tausend Hungrige wie in der Wüste zu nähren, und nur allein in diesen Gegenden über fünf und zwanzig tausend Seelen die unermeßliche Liebe des erbarmenden Gottes verkündigte, der den Bedrängten in seinem Herzen eine Zuflucht öffnet, wenn sie von Obrigkeiten und Menschen zurükgestoßen und verlassen werden. Er mußte, denke ich, auch eine Mutter für sie haben, die für die Waisen sorgte, und die mit den Müttern weinte, ein Weib, in den Wohnungen der Eitelkeit erzogen, die den Armen sagen sollte, daß sie glüklicher sey ihnen auf einer hölzernen Bank zu dienen. Er bedurfte eines Weibes, das, gedemüthigt durch ihre Sünden und Verirrungen, bekennen sollte, daß es Sklavinn und Betrogene der Eitelkeit dieser Welt war, und um niemanden zu verachten ein einfältiges und durch falsches Wissen nicht verblendetes Weib, das die Weisen dieser Welt verwirren kann, indem es ihnen zeigt, daß ihm die tiefsten Geheimnisse durch die Liebe und durch das Gebet am Fuße des Kreuzes zu Theil geworden sind. Er bedurfte eines muthvollen Weibes, das, nachdem es auf dieser Erde alles besessen hatte, selbst den Königen sagen konnte, daß alles Nichts sey, das die Blendwerke und Gözen der Säle entthronte, und das noch jezt erröthet, daß es einst mit etwas elenden Talenten und ein wenig Geist hatte glänzen wollen.

Ich halte dafür, daß es nicht weiter nöthig ist, mich über die Beschuldigung, Arme ernährt zu haben, zu rechtfertigen, obschon die Beamteten von Lörrach sagen, daß ich es nicht hätte thun sollen. Weder in einem frühern Jahrhundert, noch in dem Mittelalter, welches die heutigen Philosophen verdunkelt, umd das sie doch für so wenig aufgeklärt halten, würde ich nöthig gehabt haben, mich darüber zu vertheidigen. — Catharina von Siena, mit der mich zu vergleichen ich wahrlich die Kühnheit nicht habe, die aber ganzen Klöstern predigte, und auch eine Menge von Seelen um sich sah, die sich bekehrten und um ihre Fürbitte flehten, wurde nicht genöthiget sich zu vertheidigen, und wurde auch nicht verbannt.

Was nüzen uns denn die sogenannte Aufklärung und die liberale Denkungsart, wenn man sich nicht mehr unterstehen darf, den Armen zu nähren, zu kleiden, zu beherbergen, seine Rechte zu vertheidigen, ihn mit dem Evangelium in der Hand zu trösten? Ich weiss wohl, daß sich die Hölle jederzeit empört und tobt, wenn die Liebe lebendig ist, und wenn Christus, der lebendige Gott, der überall kleinmüthig verlassen ist, so bekennt wird, wie er bekennt seyn soll. Und ist jenes seinem Herzen so theure Zion, wenn schon dem getrübten Blike durch einen Schleier verborgen, nicht immer vorhanden gewesen? — Ueberdieß naht sich die Zeit, da der Herr kommen wird, für die einen als der Löwe aus Juda, der die Stolzen erzittern macht, und als Hirt für jene einige Heerde, die seine Stimme kennt, und als der göttliche Bräutigam, der mit der triumphirenden Kirche den Freudengesang anstimmen wird. Er kömmt, und der Hunger der die Völker dahin rafft, ist der heil. Johannes, der als Bußprediger vor ihm hergeht.

Auf seinen Befehl habe ich die grossen Plagen verkündet, die sich bald über ganz Europa verbreiten werden. Tausende von Zeugen werden Ihnen sagen, daß ich sie in vielen Ländern verkündet habe, und das die Weissagung sich durch das Unglük bestätigt hat.

Allem Gesagten zufolge werden Sie, wie ich denke, nicht zweifeln, daß ich bey dem Aufenthalte in Ihrem Lande weder irgend einen Plan, noch eine bloß menschliche Absicht hatte. Ich glaube, mein Herr! daß es nur gemeinen Menschenverstand erfordert, um einzusehen, daß die Menschen mir weder etwas geben noch nehmen können, ausser daß sie mich verfolgen, was das erste Paradies des Christen ist, und wofür ich denjenigen von Herzen danke, die sie gegen mich ausgeübt haben. Sie ist mir der erhabenste Burge meiner Sendung, und die heil. Bücher sagen Ihnen, daß der Herr allezeit Weiber dazu wählte, wenn es um die Befreyung des Volkes zu thun war. Ich habe mich auf keine menschliche Macht gestützt; ich habe mich niemals beklagt; ich habe die Schmähungen und Verläumdungen erduldet, und habe für die gebetet und geweint, die mich haßten. Wenn man dem Vorbilde Gottes nachstrebt, so kann man nur lieben und dulden! Ich wußte die ganze Anzettlung zum Voraus, daß man mich den hülflosen Kindern und Greisen entreissen wollte, die aber vom Hochheiligen beschüzt werden. Ich wollte das mir von ihm anvertraute Amt nicht verlassen, und ungeachtet der ganzen Hölle und aller Bosheit haben die Engel des Höchsten die Anordnung und Leitung übernommen, alle sind noch in dem nämlichen Hause, woraus die Lüge sie vertrieben wissen will, und aus dem keine menschliche Gewalt sie verbannen konnte, denn der Herr hatte sie dahin geschikt.

In der That, man hatte eine Menge junger Leute und überhaupt Einwohner aus der Schweiz gewalttbätig, um nicht zu sagen auf eine barbarische Weise, zurükgewiesen, die doch hinlänglich Papiere vorweisen konnten, welche Achtung verdienten. Man hat ihnen nicht erlaubt einen Tag bey mir zu bleiben, man hat sie verjagt, aber sie wußten, warum man sie verfolgte; und es war rührend, diese jungen Stimmen mitten unter der rohen Miliz Jubelgesänge anstimmen zu hören. Aber wie sehr man auch den Rhein sperrte, die Bewohner der Alpen kamen dem Adler gleich, der sich zu den Wolken schwingt, immer wieder mich aufzusuchen. Sie wußten nicht einmal, daß ich mich nicht auf schweizerischem Boden befand, und sezten sich also neuen Gefahren aus.

Noch habe ich Ihnen zu bemerken, mein Herr! daß es eine schändliche Lüge der öffentlichen Blätter ist, in einem Zeitpunkte von Müßiggängern zu reden, wo niemand Arbeit hat, wo bey Tausenden seufzend darum bitten, wo durch eine Folge von Züchtigungen, welche die Habsucht und den Egoismus treffen, alle Manufakturen gestokt sind, und die den Armen und den Arbeitsmann lehren den Herrn zu suchen, und nur allein ihm zu vertrauen. Weit entfernt, von Diebstählen zu hören, wie sie ebenfalls erzählen, muß man vielmehr sich wundern, daß nicht alles von Straßenräubern wimmelt.

Nein, mein Herr, weit entfernt, den Müssiggang zu begünstigen, habe ich vielmehr Basel, dieser Stadt, die Millionen besizt, und jenes Machwerk, wovon ich sprach, gegen mich angezettelt hatte, vorgeworfen, daß man dort nicht besser für so viel Arme sorge, und daß man, statt ihnen Beschäftigung zu geben, die Handarbeit vermindere. Aber man läßt in den Gemeinden die Armen für die Armen sorgen, und in Basel tragen die Reichen für die Reichen Sorge. Man stüzt sich auf einige wohlthätige Anstalten, welche die Liebe gänzlich auslöschen. Ganze Schaaren von Dürftigen aus eben diesem Basel kommen mich um Brod zu bitten, während man vorgab für alle ihre Bedürfnisse zu sorgen. Gleichwohl wußte ich auch, daß es in dieser Zeit der Noth, einer Regierung, wer sie auch immer seyn mag, unmöglich seye für alles zu sorgen. Und wenn ich mich durch Vorwürfe hätte abhalten lassen, so würden der Rhein, der Leichname mit fortriß, und der Schwarzwald, der von Geschrei um Hülfe wiedertönte, und so viel zu Grunde gerichtete Gegenstände mich vor dem Richterstuhle Gottes anklagen, sofern ich ihr Ansehn mehr als das Meinige gefürchtet hätte.

Ja, ich habe mehr als einmal mit trostlosen Müttern geweint, bin mehr als einmal mit ihnen auf die Knie gefallen, habe mich mehr als einmal vor dem Gott der Armen und dem Gott meines Herzens niedergeworfen, und ihn weinend angerufen: Weke, mein Gott, weke die Todten auf, weil die Lebendigen dir in Ausübung der Tugend, die dir so angenehm ist, der Liebe und der Barmherzigkeit nicht mehr gehorchen wollen!

Wo sind die St. Vinzenz von Paula, St. Bernhard, St. Franziskus von Sales, die Heil. Theresia, alle jene Seelen, die so grossen Unterricht erhielten, sie würden mir helfen. Aber nein, mein Gott, der Du alles kannst, Du wirst mir helfen! Und Er hat geholfen. Er allein konnte mir den Muth verleihen, mein Amt nicht zu verlassen. Die Verfolgungen und Beleidigungen, die Gefahr, welcher mein Leben ausgesezt war, dies alles fiel mir nicht schwer, aber ich hatte gegen den Unmuth zu kämpfen, und Er allein konnte mir noch Kräfte zum Widerstand schenken, und die Gnade, unter so vielen geistigen und physischen Beschwernissen nicht zu erliegen. Es ist ein Wunder, daß mir noch meine Stimme blieb, daß ich noch bin, und daß so viele Leiden mich nicht erdrükt haben! aber wie gut weiß nicht der, der beruft, auch zu stärken und mit himmlischen Freuden zu erfüllen!

Ich bin nun zu Ende, mein Herr! Es bleibt mir nichts übrig als den Staub von meinen Füßen zu schütteln, wie es der Herr befohlen hat.

Diese Stadt selbst, deren Anstiftung sie gefolgt haben, hat vor kurzem durch ihre Prediger die Erklärung gegeben, daß inner ihren Mauern, und lange Zeit in der Nähe ihrer Thore ein Weib war, deren Aussprüchen der Herr durch Wunder bestätigt habe, und ernstlich ermahne, die Züchtigungen durch

rusalem jenen furchtbaren Ausspruch, der alle Geschlechter erzittern macht, thun zu müssen: O Jerusalem! Jerusalem! die du die Propheten tödtest!

Ich glaube, nach allem diesem nicht mehr nöthig zu haben, mich gegen den gemachten Vorwurf zu vertheidigen, als hätte ich eine der Wachen gewinnen wollen, den Befehlen, welche sie hatte, nicht zu gehorchen; nein, mein Herr, ich habe diese Wache ermahnt zu gehorchen, und die Armen zurükzuschiken, aber sie nicht zu schlagen, nicht mit Stokschlägen fortzujagen, wie dies lange Zeit um meine Wohnung her geschah, noch sie mit einer Rohheit zu behandeln, welche jedem Lande den Zorn des Ewigen zuziehen muß. Wir hatten diesem Menschen gesagt, daß er um seines eigenen Heils willen, wofür wir bitten, selbst geschlagen werden würde, wenn er sich nicht bekehrte; und dies ist wirklich geschehen; obgleich jung und stark, würde er durch die Hand Gottes darnieder geworfen, und von einem Angriffe befallen, der ihn ernstlich an seine Seele denken lehrte.

Ich erkläre, daß, indem ich diese Blätter schrieb, ich für Schuldigkeit hielt, es thun zu müssen, zwar nicht um meinetwillen, sondern um der Wahrheit willen, und damit man nicht durch öffentliche Beschuldigungen, wie man gethan hat, ein zweifelhaftes Licht auf meine Handlungsweise werfen könne, da ich bereit seyn muß, die Lehre, welche ich predige, und der ich in allen Theilen getreu bleiben muß, mit meinem Leben zu besiegeln. Ich will nichts anderes, und kenne keinen andern Wunsch, als Christum, Christum den Gekreuzigten, den Juden eine Aergerniß und den Griechen eine Thorheit, aber ewige Weisheit und ewige Uebereinstimmung, König der Könige und aller Ewigkeiten.

Ich bin glüklich, ihn auch hier zu bekennen, wie ich es immer und vor dem Angesichte des Volks gethan habe.

Ich bin versichert, mein Herr! wenn man die Wahrheit gekannt hätte, sich alle diese Sachen nicht würden zugetragen haben, aber die Verblendung ist eine Folge der Gottesvergessenheit und hat den traurigsten Einfluß auf Cabinette und Gerichtshöfe.

Ich reiche Ihnen, mein Herr, die Hand der Freundschaft, und bitte Sie zu gleicher Zeit um Verzeihung, wenn ich Sie nur im geringsten beleidigt haben könnte. Es würde mir sehr leid thun, mich gegen die Badensche Regierung verfehlt zu haben, der ich Dank schuldig bin, mir in verschiedenen Gegenden einen so langen Aufenthalt gestattet zu haben. Was ich hier dargethan habe, betrifft alle Regierungen, es ist der uralte Kampf der Finsterniß gegen das Licht. Die Fürsten so wie die Beamteten sind nur bloß die Sklaven jener Macht, wenn sie nicht Jesum den lebendigen Gott für ihren König und Erlöser, sein Evangelium für ihr Gesezbuch, und sein Leben für ihr Muster halten. — Er allein öffnet die Pforte des Himmels und schließt die der Hölle. Wehe den Todten, deren Leben nicht Er ist; das Geschrei ihres Falls wird bald erschallen.

Dieser Brief ist zwar in Jedermanns Händen, aber wir haben geglaubt, daß man ihn hier um so eher vermissen würde, als derseble in mancher Hinsicht merkwürdig ist. Er eröffnet die Meinung der Frau von Krudener vom tausendjährigen Reich, ist eine Urkunde ihrer leichtgläubigen Gutmüthigkeit und gesagt, wie sehr sie in den Angaben von den Personen, die Unterrichts oder vorzüglich Essens halber zu ihr kommen, so wie zum Theil auch in denen über diese Personen getäuscht wird. Auch ist er ein mächtiges Zeugniß ihrer geistlichen Eitelkeit und der Art und Weise, wie sie ihr Verhältniß zur Welt betrachtet. Sie erscheint darin ganz auf jenem Grad der Ueberspannung, welche bürgerliche Ordnung

ches Volk als Widerspruch gegen Gottes Befehle betrachtet. Nur auf andere Weise ist es das Gleiche, wie bei solchen, deren Köpfe, vom heftigsten Revolutionsschwindel wirbelnd, alles Gesez, welches Ungebundenheit und Zügellosigkeit verhüten will, als lästige unduldbare Eingriffe in die angestammten Menschenrechte verschrieen. Beide wollen ihre Widerspännstigkeit dadurch deken, daß sie einem heiligen, höhern Gesez zu folgen vorgeben, indeß sie aber doch eigentlich nur ihren Gelüsten und Einfällen nachhängen. Es kann da nicht wohl von Verfolgung die Rede seyn, wo der Staat zum Schuz seiner Angehörigen gegen irgend etwas, wodurch dieselben benachtheiligt werden können, eingreift. Wir halten diesen Brief auch für merkwürdig, weil er vorzüglich in der Angabe ihrer gewirkten Wunder und der heissen Sehnsucht, mit der sie von Vielen seye aufgesucht worden, mit der der Welt früher mitgetheilten Nachricht über das neue heilbringende Licht von Herrn Köllner (Vergl. S. 45 ff.) so auffallend, ja oft fast wörtlich übereinstimmt. Das Uebertriebene, Unwahre, oftmals Grundfalsche in den Angaben dieses Briefes nachzuweisen, oder ihn mit einem Commentar zu begleiten wäre leicht, wir überlassen aber dieses dem Gutdünken eines jeden Lesers.

Auf dieses hin blieb Frau von Krudener am Gränzacher Horn immer auf gleiche Weise beschäftigt. Allmählig sammelte sich das Volk wieder und in dem Maaße in welchem sich Theurung, Armuth und Noth mehrten, mehrte sich auch weiter herum der Drang sie zu hören und vornehmlich an Ihren Ausspendungen Theil zu nehmen. Nicht zufrieden das freilich gedrükte, aber auch erleichterte, vielfach berathene, in der Last der Zeit für alles empfängliche Volk in heftigen Vorwürfen gegen die Reichen, wegen Fühllosigkeit, Härte und Unbarmherzigkeit durch ihre mündlichen Vorträge erhizt zu haben, fieng sie am Ende Aprills oder Anfangs Mai an, schriftlich durch einen ausgetheilten Aufruf an die Armen dieselben an sich zu loken. Der Inhalt dieses Aufrufs an die Armen ist von einer Beschaffenheit, daß er leicht der Zunder zu den frechsten Unternehmungen, zu den traurigsten Auftritten hätte werden können.

Wir möchten diesen Aufruf „an die Armen" die Urkunde, den Lehrbrief der Schwärmerey nennen. Gutmüthig, wohlmeinend für die Armen ist er, wer wollte das läugnen, aber furchtbar überspannt, verworren. Wenn grosse Volksmassen diesen Aufforderungen und Räthen folgen wollten, so müßte entweder Gott durch mächtige Wunder sie berathen, oder es entstünden Verwirrung, Greuelscenen, unübersehbares Elend. Daß arbeiten nichts helfe, ohne göttlichen Segen und daß eben das der Weltsinn seye, welcher mit jenem alles gethan zu haben, ja wohl stolz auf seine Arbeit, des göttlichen Segens nicht zu bedürfen meine, das verkündet doch jeder, der im Sinne des Evangeliums lehrt. Eben so gut auch die Aufforderung zur Besserung, die Warnung, Heimsuchung, welche in den Zeitereignissen liegt, die Erinnerung, unverzagt zu bleiben in aller Noth. Dann mahnt der Aufruf weiter, Kinder Gottes zu werden und wiedergebohren durch die Gnade des Höchsten, Christum zu lieben über alles und zu meiden, was wider sein Gebot ist. In seinem Namen sollen wir alles thun und seinen Willen in uns mächtig seyn lassen. Wer würde dieses alles, wie es herzlich und ernst in der Sprache der heil. Schrift gesagt ist, nicht gerne unterschreiben und

jeder Vernünftige, Ueberlegende Bedenken tragen würde vor-

chen und es fehlt manchmal nur an Mitteln, die Anlage wäre hinlänglich da. Das eigentliche Elend ist gewiß keine Tugendschule. „Der Herr, sagt sie ferners, will euch durch das Mittel dieser Noth herausführen aus den Ländern, über die seine Gerichte, Hunger, Pest, Erdbeben ꝛc. kommen, wo man euch so grausam behandelt, wo man nicht mehr nach den Gebotten Gottes lebt, nicht den Hungrigen das Brod bricht, die Nakenden nicht kleidet, die Elenden nicht ins Haus nimmt, wo man die Wittwen und Waisen drükt, Fremdlingen die Herberge versagt, wo man euch von Ort zu Ort treibt, euch die Heimath raubt, wenn Frau und Mann nicht aus dem gleichen Lande sind; wo man euch verbietet ehelich zu werden, wenn ihr nicht ein eigenes Haus oder eine gewisse Summe Geldes habt, kurz wo die menschlichen Geseze den göttlichen

neues Heimathland für euch bereitet, und einen Mann erwählet, der im Namen des Herrn das Volk Gottes führen soll." *) Diese Länder, aus denen man sie vertreibe, werden durch die göttlichen Gerichte wüste und leer werden. — Ferner: „Nun ihr lieben Armen, jezt ist die eilfte, die lezte Stunde. Ihr seyd es, die der Herr ruft in seinen Weinberg, oder in sein Reich. Ihr habt keine Arbeit, im Reiche des Herrn findet ihr deren genug. Ihr habt kein Brod, der König, in dessen Dienst ihr trettet, giebt euch Nahrung und Kleidung; man treibt euch aus euern Wohnpläzen, ihr findet sie hundertfältig wieder, überall stehen euch Wohnungen offen; denn eine bleibende Stätte sucht ihr nicht; euer Leben ist ein Pilgerleben, wie das unsers Heilands auf Erden war. Er hatte auch nichts, wo er sein Haupt hinlegte, und fand doch überall Häuser, die ihn aufnahmen. So führt euch euer Herr und König in seinem Dienst hin und her bis in das Land der Verheissung, wo Christus, euer Leben, wird offenbar werden." Weiter: „Die Reichen dieser Welt wollen sich dieser göttlichen Ordnung nicht fügen, ihr Armen müßt von ihren Häusern weichen und euch vor ihnen verkriechen; man straft euch, wenn ihr Almosen begehrt, man verbietet selbst das Almosengeben. Seht das ist das Reich der Finsterniß, des Satans" u. s. w. In diesem Ton ist Segen Gottes, Heil, Rettung, Gnade Christi ausschliessend den Armen zugesagt, den Reichen aber abgeschlagen.

Ist sich nun zu verwundern, wenn eine Regierung eine Frau, die so zu den Armen spricht, nicht in ihrem Lande in ihrer Nähe dulden will; wenn man ungehalten wurde, sie so sprechen zu hören über eine Stadt, in der von Jahren her die Wohl-

*) Es wäre doch interessant Frau von Krudener hätte den Mann genannt, der der Welt, und vornehmlich den Armen so besonders zum Heil dienen soll.

thätigkeit zu Hause war, die in diesen Zeiten der Noth nicht nur ausgezeichnet viel für die eigenen Armen gethan, sondern darüber auch die Noth ihrer eidgenößischen Mitbrüder nicht vergessen hat? Man schlage die öffentlichen Blätter nach und man wird die Beweise finden, daß zu Basel weder die Regierung den Vorwurf der Sorglosigkeit, noch die Reichen den der Hartherzigkeit verdienten.

Treffend sagte daher bei Anlaß der Aufforderung zu einer Steuer für die Armen, Herr Pfarrer Fäsch, eben in der Zeit, in welcher der Aufruf an die Armen und die Vorwürfe gegen Basel das größte Aufsehen erregt hatten, in einer Predigt über 1 Petr. V. 6. 7: „Was will sie denn, die von so vielen Leichtgläubigen gepriesene Schwärmerin, was will sie denn mit ihren bittern Vorwürfen, die sie mündlich und im Druke den Begüterten unsrer Vaterstadt zu machen nicht aufhöret? Fühlet sie denn nicht, daß diese Vorwürfe keine Zeugen eines liebenden Herzens, daß sie geeignet sind die Armen wider die Reichen zu erbittern und daß diese Erbitterung die feindseligsten, unglüklichsten Folgen haben kann, deren Verantwortlichkeit auf ihrem Gewissen schreklich lasten würde? Weiß sie nicht, daß sie ihre Wohlthätigkeit gewaltig beschränken, ihre vorgeblichen Wunder einstellen müßte, wenn sie nicht selbst von einigen gutmüthigen, reichen Baslern unterstüzt würde? Und was will sie denn? Sollen wir die Armen ganz erhalten und in gepolsterte Sessel sezen? Sollen wir durch übertriebene Wohlthätigkeit die Trägheit und den Müßiggang befördern? Frömmelei und Heuchelei begünstigen? Oder will sie die Herren zu Bettlern und die Bettler zu Herren machen? Wer hat überhaupt dieses fremde Weib zur Richterin über uns gesezt? Wer hat sie berufen Unglük zu prophezeien unsrer lieben Vaterstadt? Etwan der Unwille, daß Missionärs ihr nicht Millionen zum Opfer gebracht haben? Wahrlich das größte Unglük für Staat und Kirche könnte aus ihrem nahen Wirkungskreis entstehen! Nur das wäre kein Unglük für uns, wenn die Armen ihrem hirnlosen Rathe folgen und in entfernte Gegenden wandern würden, dem Untergange zu entfliehen, der, ihrer eingebildeten Begeisterung gemäß, unserm Basel bevorstehet; wir werden durch diese Auswanderung nichts verlieren, sondern vieles gewinnen; und doch können wir in diesen Rath nicht einstimmen, arme, bedauernswürdige Brüder und Schwestern! Ach! je weiter ihr euch von Basels Mauern entfernt, desto lebhafter werdet ihr es fühlen, daß ihr hintergangen, betrogen worden, ihr werdet die Rathgeberin verwünschen, die aus unsrer freundlichen, wohlthätigen Vaterstadt euch gleichsam hinausgetrieben hat; verwünschen, wenn ihr in fremden Gegenden vernehmen werdet: das prophezeite Unglük sey nicht über Basel gekommen; Basel blühe von neuem wieder auf; die dießmalige Verdienstlosigkeit habe sich in verdoppelte Betriebsamkeit, unser Mangel in Ueberfluß, unsere Leiden in Freuden verwandelt!"

Endlich zog Frau von Krudener in der Mitte des Maymonats von dem Hörnlein ab. Doch verließ sie die Gegend nicht sogleich, sondern hielt sich noch eine Zeitlang in dem Dorfe Warmbach, unfern dem Hörnlein, auf. Erst gegen Ende des Monats reiste sie ganz weg, in der Absicht, in einer neuen Gegend ihre Predigtbüde aufzuschlagen. Es war dieses der Kanton Aargau.

Ihr Ruf war schon seit geraumer Zeit dorthin gedrungen. Wir haben gesehen, wie sie sich schon früher in diesem Kanton aufgehalten und Anhang gefunden; wie Herr Ganz die Blike des Volks zu ihr erhoben und ihm neues Heil durch sie verheissen hatte. Viele aus diesem Kanton waren Zuhörer ihrer sonntäglichen Predigten am Grenzacher-Hörnlein gewesen. Geistliche hatten ihre Lehre angenommen und waren in den bezauberten Kreis hineingerissen worden. Von Herrn Ganz ist es berichtet. Der Pfarrer zu Dentspüren, ein rechtschaffener, unbescholtener Mann, hing sich ganz an Frau von Krudener, wurde dadurch zu Mißgriffen in seinem Amt verleitet und nahm Lehre und gottesdienstliche Formen an, welche dem reformirten Lehrbegriff, der helvetischen Confession, den Uebungen des Kantons entgegen sind, und wurde deshalb abgesezt.

Das Unwesen nahm immer mehr überhand und griff zerstörend in manche Verhältnisse, entwürdigend in die achtbarsten Anstalten. Der unberuffenen Lehrer wurden immer mehrere, Prophezeiungen verwirrten die Köpfe, ängstigten die Gemüther. In Küttigen hatte ein sechszehnjähriger Knabe, bei dem Volk bekannt unter dem Namen Hänsi, ganze Predigten des Pfarrvikar Ganz auswendig gelernt, und ermahnte zu Buße und Bekehrung. Viele Neugierige liefen herbei. Wie er aber seinen Lehrerberuf beurkundete, mag der Umstand darthun, daß in eben der Zeit, da er seine Bußpredigten hielt, eine Paternitätsklage gegen ihn (den sechszehnjährigen Buben!) bei den Behörden anhängig gemacht wurde. Die Regierung ließ ihn ergreifen und ins Zuchthaus werfen. Zu Lembach, im Bezirk Kulm, trieb ein verarmter Kunstmaler aus St. Gallen, Namens Glinz, sein Wesen mit Lehren, Lügen und allerlei dem Ansehen und Vertrauen zu der Obrigkeit nachtheiligen Gerüchten. Er fand etwelchen Beifall und Zuhörer aus verschiedenen Orten, bis er durch den Oberamtmann verwiesen wurde. Man hielt nächtliche Versammlungen, gab Liebesküsse, Alles

Sachen, die leicht Unfugen, wenigstens den frechsten Spott herbeiführen können.

Das durch die Umstände nothwendig gewordene ernste Verfahren der Regierung gegen den Pfarrer von Dentsbüren war eine kräftige Warnung für Geistliche, welche auf den Weg hätten gerathen können, durch Theilnahme an dieser neuen Kirchengemeinschaft ihrer Pflicht, ihrer Würde zu vergessen und daher untüchtig zu werden zu ihrem Amt. Die durchgreiffenden Maaßregeln gegen diese Propheten dämpften ein wenig den unsaubern Geist, der leicht noch in mehrere gefahren wäre. Die Resultate waren zu klar, als daß die Regierung sorglos wegen kirchlichen Friedens seyn, oder in Unerkenntniß das geistliche Amt der schnödesten Höhnung hätte preisgeben können. In eben jenem Küttigen hatte die neue Lehre in dem Gemüth eines sonst wakern Mannes, solche Scrupel über seinen als Gemeindsvorsteher abgelegten Eid verursacht, daß er schwermüthig wurde und sich das Leben nahm. Bei dem Irrenhaus zu Königsfelden sahen Reisende einen Jüngling, der starr und lautlos, Spuren von Geisteszerrüttung gab, und von dem die Vorübergehenden sagten, daß er durch die neue Lehre so geworden seye. Der häusliche Friede wurde mannigfach gestört, der Arbeiter, der Landmann seinen Geschäften entzogen, und diesen Predigten, Täuschungen, Wundersagen nachgelokt, in die Köpfe so Mancher, vornemlich Dürftiger, störrige, der bürgerlichen Ordnung und Ruhe feindselige Gedanken gebracht, das Ansehen der kirchlichen Anstalten herabgewürdigt, niedergetretten ihre Vorsteher, daß die Regierung mit Kraft und Ernst einzuschreiten für Zeit und Pflicht hielt. Sie erließ daher unter dem 12. May nachstehende Verordnung:

„Die in mehrern Gegenden des Kantons sich verbreitende religiöse Schwärmerei, deren verderbliche Folgen täglich sichtbarer werden, hat Unsere ganze Aufmerksamkeit auf sich gezogen. In zahlreichen Versammlungen, die theils in Privatwohnungen, theils öffentlich gehalten werden, tretten unberufene Lehrer auf, welche die Begriffe des Volkes über die wichtigste Angelegenheit des Lebens verwirren, die Gemüther ängstigen, und nicht selten verzweifelte Entschlüsse veranlassen. Durch die Besuchung dieser Versammlungen wird der Landmann und der Städter, der Hausvater und die Hausmutter von der Arbeit, die ihrer Familie den Unterhalt verschaffen soll, abgezogen, der häusliche Friede gestört, das Ansehen der kirchlichen Einrichtungen geschwächt und heruntergesezt. Man benuzt dieselben, um Schriften zu verbreiten, in welchen die Grundveste der bürgerlichen Ordnung angegriffen, und der Eigenthumslose gegen den Eigenthümer aufgereizt wird, und man wählt hierzu einen Zeitpunkt, wo die öffentliche und die Privatwohlthätigkeit sich überall vereinigen, um das Loos der dürftigen Klasse durch ausserordentliche Opfer zu erleichtern.

„Der reine Geist des Christenthums lehrt dem Ungemach der Zeiten Vertrauen auf die Wege der Vorsehung und verdoppelte Anstrengung der eigenen Kräfte entgegensezen; aber es ist nicht dieser, sondern es ist der unreine Geist der Schwärmerei und der Verführung, der aus dem Munde dieser Irrlehrer spricht. Unsere Gotteshäuser sind da, um den Herrn im Geist und in der Wahrheit zu verkünden. Auch durch die häusliche Andacht sollen religiöse Gefühle geweckt und belebt werden; aber wenn sie Früchte bringen soll, muß dieselbe im Stillen und im Kreise der Familie geübt, und nicht öffentlich zur Schau getragen werden.

„Aus diesen Betrachtungen, und in der Absicht, die Angehörigen unsers Kantons vor so gefährlichen Verirrungen zu bewahren, haben wir beschlossen:

„Alle Volksversammlungen, welche zum Zweke haben, andre Religionsübungen einzuführen, als die, welche unsere kirchlichen Einrichtungen mit sich bringen, sind untersagt.

„Wer eine solche Versammlung veranstaltet oder in seiner Wohnung halten läßt, oder darin als Lehrer auftritt, wird, je nach dem Grade der Widerhandlung, mit einer Busse von wenigstens fünfzig, höchstens zweihundert Franken, im Wiederholungsfalle aber mit einer Gefangenschaft von wenigstens vierzehn Tagen, höchstens zwei Monaten, bestraft. Wenn die Versammlung bei Nacht statt gehabt hat, so wird die Strafe verdoppelt.

„Von den im vorhergehenden Artikel bestimmten Bußen fällt ein Drittheil dem Verleider zu.

„Fremde, die sich in einem der Fälle des zweiten Artikels befinden, werden überdies nach ausgestandener Strafe über die Gränze gebracht."

Zugleich kannte die Regierung die Absichten der Frau von Krudener, daß sie im Kanton Aargau ein gleiches Spiel spielen wollte, wie am Gränzacher Hörnlein, und fand für rathsam solche Maaßregeln zu treffen, welche das Volk vor ihrem weitern unmittelbaren Einfluß bewahrten, die Unterbehörden gegen alle Künste und Mittel, wodurch man sich dennoch bisweilen für einige Zeit Aufenthalt zu verschaffen weißt, sicherten, und der obersten Behörde alle weitern, einer solchen unwürdigen — Verhandlungen mit Volksverwirrern ersparten. Der kleine Rath gab daher allen Oberamtmännern Befehl, Frau von Krudener nirgends, auf welcher Seite sie es versuchen möchte, sich in den Kanton einzudrängen, durchzulassen und den Landjägern die Weisung, wo sie sich auf dem Kantonsboden betretten liesse, dieselbe zurükzuführen.

Frau von Krudener versuchte es dennoch. Zuerst kam sie von Warmbach nach Rheinfelden. Der Oberamtmann, sobald er ihre Ankunft erfahren hatte, wies sie wieder auf deutsches Gebiet zurük. Von dort begab sie sich nach Lauffenburg und machte den Versuch da durchzukommen. Der Oberamtmann war gerade abwesend, der Statthalter machte sich auf, um ihr die gleiche Weisung zu geben, die sie in Rheinfelden erhalten hatte, aber er kam zu spät. Der Oberamtmann von Brugg, eilends von ihrem Herannahen benachrichtigt, begab sich noch am späten Abend nach Frik herunter, in der Vermuthung, sie würde die Heerstrasse nach Aarau einschlagen, und in der Absicht sie dann in Empfang zu nehmen. Sie hatte sich aber nach Dentspüren gewendet, um bei ihrem Anhänger, dem indeß abgesezten Pfarrer Steinegger, Aufnahme und eine Stätte zu finden, wo sie ihr Wesen treiben könnte. Sie fand das Pfarrhaus mit Wachen umgeben, welche niemand zu dem Pfarrer hinein und ihn selbst nicht herauslieſſen. Von dort gieng sie nach Aarau in den Gasthof. Die Polizei ließ ihr alsbald ansagen, daß ihr auch da kein Aufenthaltsort gestattet seye. Von Aarau flüchtete sie sich in das ganz nahe gelegene Dorf Erlespach, auf solothurnischem Gebiet, und man konnte bei dieser Gelegenheit abermals die Bemerkung machen, welchen Troz die Dienerin Gottes den Anstalten der Obrigkeit entgegenzusezen, und mit welcher Schlauheit die Weltbekehrerin politische Verhältnisse zur gewaltsamen Erreichung ihrer Zweke zu benuzen weiß. Sie mochte wohl denken, Solothurn seye entfernt, der Kanton anderm Glaubensbekenntnisse zugethan, zum Theil nach andern Grundsäzen verwaltet, zur Verfolgung ihres Zwekes aber gleichgültig, ob sie im Kanton Aargau sich aufhalte, oder hart an seiner Gränze mit ganz gleicher Wirkung ihr Wesen treibe. Aber die Regierung vom Kanton Aargau machte derjenigen von Solothurn die Anzeige, wie gefährlich für die Aargauischen Angehörigen ein längerer Aufenthalt dieser Frau seye, die schon so viel Unheil im Kanton veranlaßt habe, sie bäte also, die Regierung von Solothurn möchte dieselbe entfernen. Ohne allen Verzug kam der Befehl, daß Frau von Krudener auch vom Solothurnischen Gebiet ungesäumt fort, nirgends auf demselben verweilen sollte. Sie gieng nach Bern. Glaubte sie dort ihren Zwek nicht erreichen zu können, oder hatte die Polizei ihr ebenfalls, ohne die Sache öffentlich werden zu lassen, Winke gegeben, daß da ihres Bleibens nicht wäre? sie reiste schnell wieder ab und kam nach Luzern.

Schon mehrere Wochen früher las man in den öffentlichen Blättern, daß Frau von Krudener in der Nähe dieser Stadt ein Landhaus für ein Jahr gemiethet habe und daß von ihren Leuten einige angekommen seyen um dasselbe zu ihrem Empfang zuzubereiten. Es ist bemerkenswerth, daß sie immer ihre Ankunft an einem Ort eine geraume Zeit vorher verkünden läßt, damit Neugierde und Verlangen gespannter, daher der Zulauf zu ihr grösser werde. Natürlich wurde sie immer bekannter, machte immer grösseres Aufsehen und wenn man nun vernimmt, daß sie an irgend einen Ort sich begeben wolle, spricht man erst lange für und wider sie und das macht, daß durch das Gehörte, Einnehmende oder Zurükstossende, Mancher sie eher besucht, der, wenn sie unerwartet gekommen wäre und er also nur beiläufig von ihr gehört hätte, nicht, oder erst später gegangen wäre. Verkünde sie nicht zuerst die Begierde zu erregen, die Aufmerksamkeit zu spannen, so hätte oftmals die

Polizei schon können eingeschritten seyn, bevor Mancher etwas vernommen, sich entschlossen hätte auch zu ihr zu gehen. Nebst dem schikt sie, was ganz besonders bemerkt zu werden verdient, mehrere Wochen vorher an die Oerter, welche sie sich zum Ziel ihres Wirkens und Lehrens ausersehen hat, von ihren Leuten, um die Geister zu prüfen, Verbindungen anzuknüpfen, Erkundigungen einzuziehen, auf ihr Kommen vorzubereiten. Diese sprechen dann ganz kek von dem Heil, das die „Wunderfrau" mit sich führe und verbreite, von dem, was sie schon allenthalben gethan, Wunderbares gewirkt habe, von ihrer menschenfreundlichen Fürsorge für die Armen, von dem großen Anhang, den sie überall unter den verschiedensten Menschen finde, von der hohen Achtung, in welchen sie bei Königen und Fürsten, vornehmlich aber bei dem Rußischen Kaiser stehe und es wäre in mehr als einer Rüksicht der Mühe werth, zu wissen ob vornehmlich das leztere, von dieser Gunst, ja besonderm Vertrauen des rußischen Kaisers zu ihr und von dem Kabinetspaß, mit welchem sie versehen seye, auf etwas Wahreres, als auf das blosse Vorgeben ihrer Leute, gegründet seye. Diesen vorausgesendeten Boten ist es zuzuschreiben, daß sie überall schon Anhänger findet, die sich für sie interessiren und daß sie manche genaue Kenntniß über Personen und Sachen besizt, wodurch sie Solche, die eben nur die Erscheinung des Augenbliks betrachten, ohne über ihre Ursachen nachzudenken, in Staunen sezt. Durch diese Erkundigungen, verbunden mit einem physiognomischen Blik, der durch das Leben in der großen Welt ungemein geschärft wird, kann sie wohl manchmal Leute durch Urtheile treffen oder überraschen, wiewohl Mißgriffe auch nichts Seltenes bei ihr sind.

Durch diese Verbindungen allenthalben einer bereiteten

Stätte gewiß, an der sie Aufnahme findet, richtet sie es so ein, daß sie an den meisten Orten bei Nacht, oder doch auf den Abend eintrifft. Die Polizey ist in wenigen schweizerischen Städten von solcher Beschaffenheit, daß sie leicht beweglich, ein hundertäugiger Argus, so zu sagen, immer schlagfertig ist. Gut Ding will da noch Weile haben; es dürfen meistentheils Mehrere dazu sprechen, die man Abends nicht immer alle beisammen findet oder herbeirufen kann. über Nacht kühlen sich die erhizten Köpfe ab, die Anhänger haben Gelegenheit sich umzuthun, einzunehmen, für sie zu stimmen; es wird Zeit, und damit viel gewonnen; und da sie nun einmal verfolgt, vertrieben seyn will, so hat sie sich doch über Nacht schon etwas können fester sezen, daß es schwerer hält, mehr Mühe und andre Maaßregeln erfodert, bis sie vertrieben ist, worüber dann auch wieder Zeit hingeht, und bei welchem allem sie zulezt doch ihren Zwek erreicht, auch da gewesen zu seyn, auch da ihre neue Kirche gegründet zu haben. Ist am Ende den Behörden die Geduld ausgegangen, ist der unwiderrufliche Befehl ausgesprochen, zeigt man nun Ernst und Gewalt, dann hat der HErr gerufen und gar fromm und gottesfürchtig folgt sie, wenn es aufs Aeusserste gekommen und nichts mehr andres übrig ist.

5 Dies war ihr Betragen in Luzern. Man hatte daselbst, mit ihrer Handlungsweise noch nicht bekannt, wie man es seitdem geworden ist und je länger desto mehr wird, ihre Ankunft schon bezweifelt, als sie endlich, an mehrern Orten weggewiesen, in der zweiten Woche des Brachmonats von Bern aus über St. Urban eintraff und bei Horb ein schönes Landhaus am Vierwaldstetter See, unfern der Stadt, bezog. Erst schien es, als wollte man ihr keinen Aufenthalt gestatten, aber auf

Verwendung eines der Standeshäupter geschah dieses dennoch. Anfangs strömte alles heraus, die meisten Personen aus Neugierde, Wenige um sich bekehren zu lassen, noch Wenigere um sich zu dieser Lehre zu wenden. Man hat es aber leicht erwarten können, zum Theil auch vorhergesagt, daß sie in der katholischen Schweiz bei weitem nicht das Aufsehen erregen, noch weniger den Anhang finden werde, wie in der protestantischen. Jeder ächte Katholike muß durch seine Katholizität vor solcher wandernden Lehrerei bewahrt werden. Ist, was sie sagt, dem herrschenden Lehrbegriff übereinstimmend, kirchlich, so hat es die Kirche, welche da ist eine Mutter der Gläubigen, schon lange gelehrt; man findet es bei ihr und hat deshalb nicht nöthig, es in den Winkeln und Eken zu suchen; ist es nicht kirchlich, so ist es kezerisch, mithin für den ächten Katholiken ein Gräuel. Ungeachtet dessen kann der gute Katholik sie eher anhören als der Protestant; jener hört da wohl von geistlichen Dingen reden, ist aber nie in Gefahr solche Leute seinen Priestern gleich, oder wohl gar über sie zu sezen, weil lehren und der Kirche vorstehen denn doch nicht eins ist. Der Protestant hingegen, dem das Lehren der Innbegriff der Verwaltung göttlicher Dinge zum Heil der Menschen ist, stellt sie mit den Geistlichen auf gleiche Stuffe, glüklich genug für diese, wenn man sie einer solchen Nachbarschaft nur noch für würdig und werth hält. — Wir kehren von dieser Abschweifung wieder zu unserm Gegenstand zurük.

Auch in Luzern war der gröste Zulauf von Armen, Bettlern, Müssiggängern, von denen jeder Hungrige Sparsuppe bekam; wer bleiben wollte, dem wurde in einer Scheune Stroh zum Nachtlager angewiesen. Das Gesindel häufte sich daher mächtig. Frau von Krudener, und noch mehr ihre Leute sagen an andern Orten aus, daß sie zu Luzern mit 18 Broden mehrere hundert Menschen gesättiget habe; indeß ist es bekannt, daß sie täglich 100 bis 150 Brode kaufte und wie leicht wäre es nicht möglich, daß hier durch die ersten Anhänger dieser Frau ein gleiches Spiel gespielt worden wäre, wie in Basel mit dem jungen Deutschen; daß Frau von Krudener getäuscht, betrogen wäre, daß sie meinte, das Wunder verrichtet zu haben, ihre Leute sie darin bestärkten und selbst **heimlich** den Armen hinreichende Speise gegeben hätten, damit die Gebieterin meinen sollte, ihr geringer Vorrath habe solche Wirkung gehabt. Ferner wurde geprediget, gebetet und gesungen; täglich zweimal durch Herrn Köllner in einem Wald bei dem Landhause Gottesdienst gehalten; aber diese Gottesverehrung machte auf ein katholisches Volk wenig Eindruk; eigentlichen Antheil nahm beinahe Niemand daran. Nebenbei wurde auch geweissagt, von Wundern gesprochen und den Leichtgläubigen oder Gutmüthigen mancherlei aufgeheftet. Unter Anderm sagte Frau von Krudener einst in einem Kreise von Frauenzimmern: Die Königin von Preussen seye im Jahr 1806 auf ihrer Flucht von den Franzosen in einem kleinen Städtchen erkrankt und da sie gefühlt, daß ihre Krankheit gefährlich werde, habe sie den Wunsch geäussert, sie (die Krudener) noch einmal zu sprechen und Trost von ihr zu erhalten. Sie habe sich dann eilends zu der Königin verfügt, ihr von der Vergänglichkeit aller Weltherrlichkeit gesprochen und die Nothwendigkeit ihrer Bekehrung ins Licht gestellt. Dadurch seye die Königin wirklich getröstet worden und, beruhigt, habe sie dieselbe verlassen; zehen Tage darauf seye sie gestorben. Nun aber ist bekannt, daß die Königin nach dem Frieden von Tilsit wieder nach Berlin zurükgekommen, und erst im Jahr 1810 zu Hohenzieriz, auf einem Lustschluß ihrer Eltern, gestorben ist.

Nach und nach wurde auch in Luzern die Neugierde der Meisten gestillt; die Wallfahrten nach Horb nahmen ab und die Besuche wurden seltener; zudem gesellte sich noch Spott über ihre Inconsequenzen, Ueberspannungen und Widersprüche, und dieses war mächtiger, als der Aerger, den einige äusserten.

Bald mischte sich die Polizei in das Geschäft. Sie wollte die Frau von Krudener nicht nach Willkühr schalten und walten, predigen und Gesindel um sich sammeln lassen. Oeffentlicher Gottesdienst ward ihr daher untersagt, befohlen ihre Pässe vorzuweisen und ihr, falls sie unter solchen Bedingungen ihren Aufenthalt fortsezen wollte, auferlegt, förmlich deswegen bei der Regierung anzuhalten, was bisher noch nicht geschehen war. Das machte keinen Eindruk, und Frau von Krudener glaubte nach Gutdünken handeln zu dürfen, ohne von irgend einer Behörde Befehle annehmen zu müssen. Es verflossen zehen Tage; die Predigten wurden nicht eingestellt, für die Aufenthaltsbewilligung nicht angesucht. Die Polizei gestattete noch drei Tage Frist; wenn nach dem Verlauf derselben nicht für verlängerten Aufenthalt angefragt worden seye, so müsse Frau von Krudener abreisen. Alles ward bei ihr immer gleich fortgetrieben; man predigte auf Wiesen und im Walde, der hartnäkige Eigensinn wekte wieder Neugierde, das müssige Gesindel mehrte sich tagtäglich; es wurden keine Anstalten zur Abreise bemerkt. Die Polizei fragte ernster nach, fügte Vorwürfe hinzu, erhielt aber zur Antwort: „man müsse Gott mehr gehorchen als den Menschen, der Herr habe ihr noch keine Befehle zur Abreise ertheilt.“ Da gedachte die Polizei solche zu ertheilen und einen Tag zur Abreise festzusetzen; dieser kam; noch immer keine Anstalten; man entschuldigte sich, es seyen die für die drei Wagen erforderlichen Pferde nicht zu bekommen. Jezt gieng den Herren von der Polizei die Geduld aus. Sie selbst sorgten für die benöthigten Pferde und überfielen um Mitternacht das Landhaus mit Soldaten und Landjägern. Die Gebäude wurden umstellt, Scheunen und Speicher, worin das Gesindel lag, geöffnet, und darin vierhundert Personen, Männer, Weiber, Mädchen, Kinder, Leute aus allen Kantonen, von allen Weltgegenden, die hier bunt durch einander gelagert waren, aufgeweckt, zusammengerafft, gemustert, die Ausländer in verschiedenen Haufen den Polizeidienern zur Ablieferung an die Gränze übergeben, die Kantonsangehörigen in die Stadt gebracht, zum Behuf näherer Verhöre und Erkundigungen. Hierauf ward an die Wohnung der Frau von Krudener gepocht; man öffnete; der Polizeikommissär ließ ihre Leute zusammenkommen und verlas den Beschluß seiner Obern; daß von nun an Frau von Krudener und ihre Hausgenossen unter seine Aufsicht gesezt seyen, und unverweilt durch ihn bis an die Gränze des Kantons sollen gebracht werden. Frau von Krudener verlangte, der Kommissär solle den Befehl zum zweitenmal verlesen, und als dieses geschehen war, entgegnete sie: nie (!) habe sie sich einer Obrigkeit wiedersezt, auch diesmal werde sie Folge leisten, auf daß der Wille des Herrn an ihr geschehe. Nun wurde eilends zusammengepakt, gefrühstükt und der Wagen bestiegen; man ließ ihr noch die Wahl zwischen der Straße nach Basel und der nach Zürich. Sie wählte die leztere und der Polizeikommissär sezte sich zu ihr in den Wagen. Kaum mag man aber nach dem, was man zuvor gelesen, jene Antwort, welche sie dem Polizeikommissär gegeben hatte, begreifen. War es der höchste Grad heuchlerischer Scheinheiligkeit, bei welchem der Mensch ausgeschämt hat, oder nennt sie, Widersezlichkeit gegen die Obrigkeit, Waffengewalt gegen dieselbe gebrauchen. Will sie etwa darin ein Verdienst suchen, daß sie das Gesindel, welches ihr nachläuft, noch nirgends um Hülfe gegen die Obrigkeit angesprochen habe?

Es sollen aus dem Kanton Luzern Leute in ihre Gemeinschaft getretten seyn, um ihr nachzufolgen. Das ist unsers Ermessens das Gefährlichste, und wogegen die ernstesten, schärfsten Vorkehrungen der Regierungen eintreten sollten. Man trägt sich mit allerlei Sagen von Leuten, welche ihre Habe hingebracht hätten, und nun an sie gefesselt seyen, indem sie selbige nicht mehr zurükbekommen könnten. Man spricht von einer Bernerin, welche 10,000 Gulden gebracht habe. Es sind auch schon Leute so weit gekommen, daß sie ihre Liegenschaften verkauften, in der Absicht ihr nachzuziehen, zu entrinnen den furchtbaren Gerichten und sich in ein besseres Land zu flüchten. Aber, wenn am Ende diese Gemeinschaft sich auflöst, weil ihre Rolle ausgespielt ist, wohin wollen solche Elende, Bethörte? wem anders fallen sie zur Last, als dem Staate und ihren Gemeinden? Das gehört doch wohl auch mitunter zu den beherzigenswerthesten Gründen, ihr Lehrwesen nicht zu dulden, zu den traurigsten Folgen, welche die Einimpfung ihrer Schwärmerei auf Einzelne haben kann, zu den hinreichenden Ursachen, allenthalben, ohne anderweitige (aus verschiedener Beschränkung hervorgehende) Rüksichten, gegen sie zu verfahren, wie der Kanton Aargau und der Kanton Zürich verfuhren.

Frau von Krudener hatte sich noch eine geraume Zeit in dem Kanton Luzern befunden, als sich das Gerücht verbreitete,

sie wolle das Schloß von Buonas, im Kanton Zug, bezie-
hen. Kaum hatten die öffentlichen Blätter diese Nachricht aufgenommen, als der hohe Stand Zug durch eben dieselben verkünden ließ, daß dieses keineswegs geschehen und von der Regierung nie gestattet werden würde. Wir führen dieses uns deswegen an, weil daraus erhellet, in welchem Lichte sie in diesem Kanton erschien, der freilich an den Kanton Aargau gränzt, und mit demselben in vielfacher Berührung steht, daß er die Früchte ihres Einflusses wohl kennen konnte.

Der Luzerner Polizeikommissär begleitete die Frau von Krüdener bis nach Knonau und übergab sie dem dortigen Zürcherischen Oberamtmann. Dieser, ohne Weisung, ohne Bericht, war wirklich in Verlegenheit, was er mit ihr anfangen sollte. Endlich setzte er sich zu ihr in den Wagen und begleitete sie selbst nach Zürich. In Knonau soll einer ihrer Gehülfen von einer Bühne herunter dem Volk gepredigt haben.

In Zürich hatte man schon lange vorher gesprochen, daß sie kommen und eine Zeitlang sich dort aufhalten würde. Schon waren Verbindungen angeknüpft, Anhänger gesammelt; schon hatte einer ihrer Geistesverwandten, vor der Stadt wohnend, angefragt, ob er das Glük haben dürfte, sie zu beherbergen, vielleicht war die Herberge zu ihrer Aufnahme, wohl gar in Erwartung heimlicher Ankunft schon gerüstet; sogar einige Wirthe hatten auf sie spekulirt, weil sie einträgliche Gastung herbeiziehen würde. Man hatte ihres Kommens nicht mehr gedacht, als unerwartet der Herr Oberamtmann von Knonau den 3. Juli, Nachts um 10 Uhr, in dieser Stadt mit ihr eintraf. Ihre Aussendlinge, welche das Volk zu ihrer Aufnahme bereiten sollten, giengen vor ihr her, ein halbes hundert Bettler, diejenigen, welche die Polizei von Luzern gegen Zürich gewiesen hatte, folgte ihr auf den Fersen. Beim Durchfahren unter dem Bogen eines Hauses wurde der Koffer von dem Kutschenhimmel (Vache) heruntergerissen und eine Menge schönes Porcelain lag zertrümmert auf der Erde. Sie hielt um Aufenthaltsbewilligung für mehrere Wochen an, was aber abgelehnt, und ihr der folgende Tag zum ausruhen überlassen wurde, nach dessen Verfluß sie auf beliebiger Strasse weiters ziehen könne. Sie wurde für diesen Tag unter polizeiliche Aufsicht gestellt. Nichts destoweniger lief neugieriges Volk Schaarenweise herbei und man mußte dem Zudringen der Menge, welche sich fleissig nach der „gnädigen Frau, die Geld austheile" erkundigte, Schranken sezen. Nachmittags hielt sie vor einer grossen gemischten Versammlung in eigener Person eine lange Ermahnung. Sie sprach viel von ihren verrichteten Wundern, von allgemeiner Noth und Elend, prophezeite Pest und Strafgerichte, seufzte über die Lauheit der Menschen zum Guten und schloß mit folgenden Worten: „Wehe über die Schweiz! Wehe über Zürich! „Wo die Kinder schon Holofernes-Gesichter haben." Da bei dem langen Gebet, das Herr Köllner mit Kreuzeszeichen auf den Knieen verrichtete, wenige der Anwesenden knieen wollten, ließ Frau von Krudener ein abermaliges „Wehe" ertönen. Einige Wenige, Auserwählte, kamen auf besondern Besuch, erhielten eine Betstunde und eine Unterhaltung bei geschlossenen Thüren. Die Rede drehte sich meist um allgemeine Säze von den bevorstehenden Strafgerichten, von der schleunigen Bekehrung, von den Pflichten der Reichen gegen die Armen, die man viel zu wenig beobachte. Der Stadt Zürich geschah hiebei gar keiner ruhmvollen Erwähnung; nur dem Andenken des verstorbenen Lavaters wurden einige Blumen gestreut, doch mehr in der Absicht, ihn den jeztlebenden Züricher Gelehrten entgegenzustellen, als welche sammt und sonders Ver-

verbern ihrer Vaterstadt und Leute seyen, die den Geist des HErrn nicht in sich aufgenommen hätten.

Wir schalten hier eine Rede ein, welche Frau von Krüdener während ihrer Anwesenheit auf der Blatten bei Zürich Abends um 6 Uhr bei offenen Thüren vor einer ziemlich zahlreichen gemischten Zuhörerschaft gehalten hat. Die „schweizerische Monatschronik", welche dieselbe zuerst durch den Druk bekannt machte, verbürgt ihre Aechtheit in Rüksicht auf die Hauptsache und Ausdrüke; nur hätten wegen der Schnelligkeit, womit die Worte hätte müssen nachgeschrieben werden, einzelne Weglassungen hie und da können unterlaufen; „wobei auch, sagt dieses Blatt, anzunehmen ist, daß ein belebter Vortrag und das Feuer der Herzensergiessung den Mangel an Zusammenhang und Verbindung der Säze weniger bemerkbar gemacht haben werden, als derselbe bei blosser Durchlesung der Rede seyn müsse."

„Der Zeitpunkt, sagte sie, ist genahet, wo sich die Welt in der größten Krisis befindet. Dies beweisen die vielen Veränderungen im Laufe der Natur! Städte gehen unter! Meere troknen ein! Seen werden mit Blut erfüllt! Sonne, Mond und Sterne weichen von ihrer alten Bahn ab, was die geschiktesten Astronomen in England nicht ergründen können. Schiffe, welche auf dem mittelländischen Meere ihre Reise sonst in 2 bis 3 Tagen vollendet hatten, brachten jezt 42 Tage dabei zu! Wozu dies alles? Was kann dies anders bedeuten, als daß die Menschheit sich bekehren, von ihrem ruchlosen Lebenswandel abstehen, und sich zu dem dreieinigen Gott wenden soll? Auch die allgemeinen Naturbegebenheiten, die schrekliche Näße der vorigen Jahre, die blutigen Kriege, und die daraus entstehende ruchlose Sittenverderbniß, die gräulichen Laster, die jammervolle Theurung, welche jezt das Menschengeschlecht mit ihren Ruthen züchtiget, müssen den Menschen, wenn er nicht in seinem Innern verstokt ist, zur Buße und Reue antreiben, und ihn ermuntern, sich in Gottes gnadenvolle Arme zu werfen und ihn um Verzeihung der begangenen Sünden innigst anzuflehen: Aber was will dieses protestantische Volk da mit seinem Gebete ausrichten, da es nicht die geringste Andacht und Hingebung zeigt?! Schon öfters lag ich mit dem rußischen Kaiser, mich Gott innigst hingebend, und ihn um seinen Heil. Geist bittend, vor ihm auf die Knice geworfen. Der Kaiser selbst, der doch einen grossen Schaden am Knie hatte, (es fuhr ihm nehmlich ein Rad über dasselbe) lag tief gebükt vor dem Höchsten im Staube. Dies ist die wahre Andacht, dieses ist die herzliche Hingebung in Gottes Willen; oder wenn Luther, Calvin und die übrigen Frommen sähen, wie dieses Volk so ohne Rüksicht auf die zukünftige Vergeltung in den Tag hineinlebt, und nichts thut, als was seinen Lüsten fröhnt, so würden sie die Hände über den Kopf schlagen, und sich im Innersten gekränkt fühlen über die schlechten Folgen ihrer Anstrengung und Leiden! Aber wie könnte das gemeine Volk zur Wahrheit gelangen, da seine Lehrer in der Religion sich selbst immer mehr von derselben entfernen, das Gotteswort verstümmeln, und keine Ehrfurcht mehr zeigen vor der Allerhöchsten Dreieinigkeit? Sie lassen sich durch Weiber, deren Verwandte sie zu beachten haben, durch die Obrigkeiten, ja sogar durch Geld abhalten, den rechten Weg zu unserm Heilande zu lehren. Schnödes Geld! An jedem, auch noch so kleinen Stüke kleben unzählige blutige Thränen! Selbst von meinen Eltern, die viele tausend Unterthanen hatten, wie könnte ich glauben, daß sie, obgleich beide Engel wären, nicht auch Beamtete gehabt hätten, welche schlecht genug waren, selbst dem Aermsten mit gierigen Händen das lezte Schärflein abzunöthigen?"

„Daher preise ich Gott täglich, daß er mich gewürdiget hat, mein Vermögen mit meinen ärmern Mitmenschen zu theilen. Aber nicht nur hat mich Gott dazu berufen, sondern er erleuchtete mich auch mit seinem Heil. Geist, daß ich meine nach Wahrheit dürstenden Mitmenschen mit meinem Worte tränken kann; daher stehe ich jedem Sünder, der Erlösung durch Reue und Buße erkaufen will, zu Gebote, zumal da ich selbst (ich gestehe es) in meinem frühern Alter meine Hände von unreinem Geist beflekt fühlte; aber durch vieles Kämpfen, und Richtung nach Gottes Erkenntniß, ermannte ich mich, den Lokungen der Welt zu widerstehen, und es gelang mir! Und daß ich wirklich von Gott bestimmt bin, die Menschen auf bessere Wege zu führen, davon sind viele Beweise vorhanden. Schon lange habe ich die jezigen Zeitumstände vorher verkündigt. — Zu Luzern speiste ich 900 Menschen mit neunzehn Broten, und ein wenig Grüze und Butter; schon 300 Meilen weit hat mich Gott durch viele Calamitäten unversehrt hindurchgeführt, viele kleine Kinder sind 100 und mehr Meilen zu mir hergekommen ohne Anstoß! Daher wehe Denen, welche mich aus ihren Ländern verstossen! Gott wird mich an ihnen rächen, und mich belohnen, zwar nicht durch irrdische Güter, sondern durch Leiden und Widerwärtigkeiten, womit er mich prüft, ob ich immer nach seinem Willen handle. Würde ich mich auf den Rigi stellen, und dem einen das Weib seines Herzens, dem andern irrdische Güter, dem dritten Geld austheilen, so würde bald Europa zusammenlaufen, um von meiner Hand den Segen zu empfangen; allein so kommen nur die zu mir, die hungern und dürsten nach dem Geist der Erkenntniß, und dieser sind sehr wenige unter dem christlichen Volke; hingegen ganze heidnische Nationen wenden sich zu dem Dreieiniaen, than Busse und bekennen ihre Sünden. Zwar ist es gleich, ob du ein Katholik, Lutheraner, Calvinist, Protestant, Pietist, Herrenhuther, Quäker, oder von welcher Konfeßion du seyest; der rechte Glaube wird dem Dreieinigen, Allerhöchsten Gotte den Weg bahnen. Von vielen Seiten strömten in ganzen Schaaren Studenten zu mir, (vielleicht sind auch hier) um das Wort Gottes zu hören, oder um mich zu widerlegen, aber alle schmetterte ich zu Boden. Fragte ich: „Was ist studiren?“ so blikten sie mit über der Brust zusammengefalteten Händen beschämt nieder, und eben so bei mehrern andern Fragen über ihren Beruf. Zu dem rechten Glauben gehört vornehmlich die sich über alle Armen erstrekende Barmherzigkeit, welche ich, wie eine Henne ihre Küchlein, in meinem Schoss ohne Unterschied aufnehme; aber hier in diesem — — — Schweizerlande, behandeln die Obrigkeiten die grossen Haufen heimatbloser Bettler so despotisch, daß sie von allen Orten, wo sie Nahrung suchen, unbarmherzig vertrieben werden, freilich, wenn schon die Kinder, wie ich beim Eintritt in dieses Land bereits bemerkte, den Holofernes auf ihren Gesichtern abgedrükt haben, so ist sich nicht zu verwundern, daß bei den Alten keine Spur von Barmherzigkeit sich zeigt. — Möge diese Stunde von grossem Segen für Sie seyn, und Sie antreiben, sich auf den rechten Weg zu wenden, von den Sünden abzustehen, meine Lehre anzunehmen, und den Lokungen der Welt zu entsagen. — Gelobt sey Jesus Christ!!!“

Den 6. Vormittags erhielt Frau von Krudener die nöthige Weisung von der Regirung, es seye jezt Zeit zur Abreise; worauf sie sich, begleitet von dem Hauptmann der Landjäger in die Nähe von Schaffhausen, jedoch auf badisches Gebiet in das Dorf Lottstetten, begab.

Sie scheint es eine geraume Zeit vorher auf den Kanton Schaffhausen angelegt zu haben. Auch da hatte sich das Gerücht ihrer nahen Ankunft schon im Mai verbreitet, es war selbst an die Regierung eine Anfrage wegen Aufenthaltsbewilligung ergangen (welche ihr, jedoch nur für einen Gasthof in der Stadt, keineswegs aber für ein Privathaus oder gar für eine Wohnnung vor der Stadt ertheilt ward); weibliche Aussendlinge waren bei dem Pfarrverweser der grossen Gemeinde Unterhallau erschienen, mit dem anmaaßenden Vorgeben, der Geist des HErrn hätte sie getrieben, allda Busse und Bekehrung zu verkünden, und was phantastischer, überspannter Ideen von bevorstehenden Erscheinungen mehr war. Aber das kluge Benehmen des Pfarrverwesers hatte die Anknüpfung von Verbindungen in der Gemeinde, so wie allfallsigen längern Aufenthalt an dem Orte vereitelt. In Schaffhausen selbst war Herr Empeytas, mit einigen andern zum Gefolge der Frau von Krudener gehörenden Personen, angekommen, und hielt sich mehrere Wochen in einem Gasthofe auf, zwar ohne Aufsehen zu erregen und ohne öffentliches Lehren, aber doch insgeheim auf ihr Kommen vorbereitend, werbend, Verbindungen anknüpfend, auch da vieler Personen Aufmerksamkeit auf sie richtend.

Es ist bemerkenswerth, dass in den lezten Tagen ihres Aufenthalts bei Luzern, während welchen sie sich immer gegen die peremptorischen Fristen von der Polizei sträubte, allmählig jener

Theil ihres Gefolges, welcher ihr schon länger nachzog, in Büsingen, einem badenschen Dorfe, eine Stunde oberhalb Schaffhausen, ankam, gleich als hätte sich Frau von Krudener auf gewaltsame Maaßregeln der Polizei von Luzern gefaßt gemacht, vorher aber denjenigen, welche sie für den Stok (Cadre) ihrer Kirche hielt, an einen sichern Ort die Richtung geben und retten wollen. Man meint, wenn das müßige, Nahrung suchende Gesindel in allzugroßen Massen um sie sich anschwelle, und es ihr allmählig zur Last falle, alsdann solche polizeiliche Maaßregeln, wie sie zu Luzern zulezt genommen wurden, ihr sehr willkommen seyen. Sie wird auf diese Weise wieder befreit, ihr Name durch Viele weiters getragen, das gehässige der gezwungenen Entfernung einzig auf die Regierungen gewälzt (daß diese der Armuth vor der Erquikung seyen), Mitleid, oder wenigstens Theilnahme an ihr, als einer Verfolgten, rege gemacht und so durch alles dieses der Vortheil ihr gesichert.

Es wurden von den angekommenen Kirchgenossen in Büsingen sogleich gottesdienstliche Uebungen veranstaltet, und ihre Ankunft war kaum ruchtbar geworden, als schon die Neugierde viele Personen aus Schaffhausen dorthin trieb. Doch bald ward jenen ihr Wesen, diesen ihre Schaulust durch das Einschreiten der badenschen oberamtlichen Behörden und die Maaßregeln des mit Energie und klarem Bewußtseyn zu Werke gehenden Pfarrers verkümmert; denn dieser untersagte ihnen alle Vorträge und Predigten, selbst bei verschlossenen Thüren, weil das Volk dennoch hinkommt, und die Thüren nie verschlossen bleiben, wenn man es auch verspricht. Einzig das Singen bei verschlossener Thüre, doch den Sonntag ausgenommen, blieb ihnen gestattet.

Indeß war am 6. Juli Frau von Krudener, durch die Polizeibehörde des Kantons Zürich an die Gränze geleitet, in dem badenschen Dorfe Lottstetten, zwei Stunden von Schaffhausen, angekommen, und alsbald strömte eine solche Menge Heilsbedürftiger und Neugieriger zu ihr hinaus, daß des andern Tages in dem Wirthshause, in welchem sie lehrte und Gottesdienst hielt, achtzehn Kutschen, viele Reitende und noch weit mehr Fußgänger sich zusammenfanden. Es war ein unbeschreibliches Hin- und Herlaufen, Drängen und ein Gewirre, wie in einem Faßnachtspiel. Man predigte, betete, sang, lag auf den Knieen, Einige aus Andacht, Andre bei Spott, auch Manche in Aerger. Es gelang ihr bei Frauen einer höhern Classe Eingang und Geneigtheit für ihre Lehren zu finden und viele derselben ganz einzunehmen, so wie selbst einige Männer, von denen nicht leicht jemand erwartet hätte, daß sie jedem Wind der Lehre sich würden preis geben.

Hier war es, wo ein würdiger katholischer Geistlicher eines benachbarten Dorfes in einer kurzen Unterredung Frau von Krudener in die Enge trieb, daß sie der Bündigkeit seiner Folgerungen nur entschlüpfen konnte. Sie weicht überhaupt Unterredungen mit Geistlichen, welche ihr entgegen tretten, aus; sie macht dem Gespräch ein Ende, wenn sie merkt, daß es zu weit führt, oder daß sie nicht mehr Stand halten kann; und da sie Glaube fodert, will sie keine Prüfung. Hier war es, wo sie dem Beamteten, der sie um Pässe und andre Schriften fragte, antwortete, daß sie deren wohl besize, daß sie ihm aber dieselben, wenn er sie durchaus sehen wolle, nur unter vier Augen zeigen könne, in einem mit schwarzen Tüchern behangenen Zimmer, worin sich ein schwarzer Tisch, mit einigen Todtenköpfen belegt, befinde. Was nach solchem

Vorkehrungen für seine Person daraus entstehen dürfte, daß

Die Rede der Frau von Krudener drehte sich immer um das Gleiche; fast immer in den gleichen Ausdrüken; sie befaßte wohl einige allgemein gültige Wahrheiten, wichtige Heilslehren, aber Unbefangene haben gestanden, daß man diese jeden Sonntag in den Kirchen eben so gut, wo nicht besser, vernehmen könne. Mehrere, welche die, Seite 112 ff., enthaltene Rede, die sie zu Zürich gehalten, gelesen haben, versichern, daß sie fast wörtlich mit demjenigen übereinstimme, was sie zu Lottstetten und an andern Orten gesagt habe. Anbei wurde auch hier prophezeiet und von den grossen Strafgerichten gesprochen, die zum Theil schon angefangen hätten; insbesondere wie zu Venedig die Pest wüthe (die öffentlichen Blätter haben in dieser Zeit einer vorübergehenden bösartigen Krankheit erwähnt, die sich in einigen Gegenden des obern Italiens gezeigt hatte), und wie von dem schönen, bevorstehenden Erndtesegen. — es war kaum drei Wochen vor der

Erndte — den Menschen nichts zu Theil werden, sondern durch Gewitter alles noch hinwegegnommen würde. Die Art und Weise sammt dem Ton, in welchem die Gehülfen den Gottesdienst führten, war Vielen, denen das Religiöse gar nicht gleichgültig ist, die sich aber auch nicht alsbald blenden oder durch das Neue und Ungewohnte fortreißen lassen, in seiner angestrebten Wärme zuwider, Vielen das Betragen des Gefolges ein wahrer Gräuel.

Es wurden auch Briefe vorgelesen von da und dort her, von schreklicher Noth, von eingetroffenen Strafen. Zum Beispiel aus dem Kanton Basel, daß in Reinach Leute Hungers gestorben seyen; von Bauma im Kanton Zürich, gleichen Innhalts, und daß daselbst viele Menschen täglich auf die Wiesen zur Weide giengen. Wenn dieser lezte Brief auch wirklich von dem dortigen Pfarrer herrühren mag, so ist doch mit Recht allgemein bemerkt worden, warum er dieses Elend nicht seiner Regierung schilderte, die gewiß Hülfe würde geleistet haben, und daß auf jeden Fall die Schilderung weit übertrieben seye. Auch das ist nicht ohne Beispiel, daß man die leichtgläubige Menge mit Briefen täuscht. Daß Frau von Krudener nie durch die Post, immer durch Boten Briefe erhalte, hat man anderwärts beobachtet. Eine Dirne, zum Gefolge der Frau von Krudener gehörig, soll zu Zollikon, im Kanton Zürich, die Frechheit so weit getrieben haben, daß sie während einem Zustand angeblicher Verzukung, Briefe gen Himmel gesandt und von dorther wieder Briefe mit irrdischer Dinte geschrieben aus einem Nebengemach als Antworten sich habe bringen lassen.

Zu Lottstetten mehrte der Herr Pfarrvikar Gans, schon lange ein eifriger Jünger in Glaube und Wort, das Gefolge der

Frau von Krudener. Ihn begleitete eine Person, welche (wie urkundlich kan nachgewiesen werden) im Jahr 1789 in der Stadt Zürich mit Ruthen gestrichen und verbannt wurde. Wo und in welchen Schiksalen sie sich von da an herumgetrieben, mag sie am besten wissen; endlich führte sie der Weg in den Kanton Aargau. Dort wurde sie von der neuen Lehre ergriffen, und die Glaubensverwandtschaft führte sie zu dem Pfarrer von Dentsbüren, dem sie in Verkündung des neuen Evangeliums Hülfe leistete. Nach dessen Absezung tratt sie in den Lehrdienst der „Prophetin" selbst, und nun ist sie immer bei ihr. Sie soll seitdem meistens in magnetischen Schlaf versunken seyn, Träume haben und in Visionen verkünden, was da kommen werde.

Nebst den Jüngern, den Erbauung und Belehrung Suchenden und den vielen Neugierigen sammelte sich dann auch das Bettelvolk und Gesindel zu größtem Verdruß und Besorgniß der Einwohner des Dorfes. Theils fanden diejenigen, welche man in Luzern weggewiesen hatte, die Wohnung der Frau von Krudener wieder, theils lokte der Ruf in weiter Umgebung viele Dürftige und Hungrige zu der Frau „welche Geld austheile." Auch hier mußte die Polizei einschreiten. Den 12. Juli, am achten Tag nach ihrer Ankunft, ließ der Beamtete das Dorf säubern, und die sämmtliche Einwohnerschaft wurde aufgeboten, Hülfe zu leisten, was sie gerne that. Man versichert, Frau von Krudener hätte es nicht ungern gesehen, abermal von der Last befreit zu werden, wenigstens ließ sie sich während dieser Exekution nirgends bliken, und ihre Leute sagten den Weggetriebenen, sie liege auf den Knieen, um für das hülf- und rathlose Volk zu beten.

Nachdem sie zahlreichen und geachteten Anhangs, einer ansehnlichen Jüngerschaft in der Stadt Schaffhausen versichert war, brach sie endlich Samstag Abends den 12. von Lottstetten auf. Sie kam absichtlich in der Nacht an, und wiewohl ihr zuvor von der Regierung ausdrüklich untersagt worden war, anderswo als in einem öffentlichen Gasthof sich aufzuhalten, so bezog dennoch die gehorsame Dienerin Gottes eben jenes Landhaus, welches man schon geraume Zeit vorher, als ihr bestimmtes Absteigquartier bezeichnet hatte. Dort begegnete ihr nachher etwas Aehnliches wie bei der Einfahrt in Zürich. Die Strasse, welche zu dem Landhause führt, ist eng; in tiefem Bette fliesst ein Bach; der Kutscher, welcher ein paar Tage nachher noch das Gepäke herausführen sollte, fuhr zu weit an den Rand des Baches und fiel mit Pferd und Wagen in die Tiefe. Den Pferden begegnete nichts, die Kutsche nahm geringen Schaden, und der Kutscher nebst einer in dem Wagen gesessenen Person kamen mit Quetschungen davon. Bei Erwähnung dieses Unfalls machte, zugleich jenes (S. 111) Ereigniß von Zürich erzählend, der in Schaffhausen herauskommende „Schweizerische Korrespondent" die Bemerkung: „Wir bedauern sehr, „daß die gute Frau unter so schlimmen Vorbedeutungen der „Zerbrüchlichkeit unser Vaterland verläßt, die, wenn sie die„selben auf das Schiksal ihrer neuen Lehre anwenden will, ihr „eben keine tröstliche Aussicht für die Zukunft gewähren." *)

Der kleine Rath des Kantons Schaffhausen gestattete ihr Montags den 14. den Aufenthalt in jenem Privathause für 3 Tage, bis zum Donnerstag, doch mit Unterlassung gottes-

---

*) Man hatte nemlich damals vermuthet und durch das Gerücht vernommen, Frau von Krudener werde sich von Schaffhausen nach Deutschland wenden, und die Schweiz für immer verlassen. — Der Erfolg hat es anders gezeigt.

dienstlicher Uebungen, öffentlicher Vorträge und aller Proselitenmacherei. Aber der Andrang des Volks war immer groß und wenn auch nicht Alles zu ihr gelassen wurde, so gestattete man doch denjenigen den Zutritt, welche sich zu den Gebildetern zählen. Von diesen fand sich immerwährend ein gedrängtes Zimmer voll um sie. Es wurden für dieselben Vorträge gehalten, gebetet und gesungen, und zwar nicht Proseliten gemacht, aber Anhänger, heilsbedürftige Seelen, gefunden.

Es wäre zu weitläufig und nicht der Mühe werth zu erzählen, wie in diesen Tagen aller Leute Köpfe und Gedanken einzig und allein mit diesem Gegenstand beschäftigt waren, jede Unterhaltung während geraumer Zeit sich nur um diesen Gegenstand drehte; zu wie vielem Spott und den gotteslästerlichsten Bemerkungen dieses Getriebe den Stoff gab; wie viele Verwürfniß, Trennung und Unannehmlichkeit dadurch veranlaßt wurden, wie die Gemäßigsten sich doch einstimmig in den Wunsch vereinigten, daß diese Lehrerin nie möchte gekommen seyn, oder doch wenigstens bald wieder van dannen ziehen und nie wieder zurükkehren.

Der anberaumte Donnerstag kam und verfloß, ohne daß sich Frau von Krudener dessen auch nur zu erinnern schien, daß ihr eine Frist festgesezt seye. Statt dessen ließ sie am Freitag darauf vor Rath um verlängerte Aufenthaltsbewilligung anhalten. Fast einmüthig wurde ihr dieses abgeschlagen und angesagt, daß sie bis Schlag vier Uhr Abends sich weiters begeben sollte, ansonsten die Polizei Gewalt brauchen würde. Als ihr dieser obrigkeitliche Befehl angekündigt wurde, hatte sie gerade zahlreichen Besuch, und der Erfolg war, wie es im Octavianus heißt:

„Gerührte Damen weinten einige.“

Die bevorstehende Trennung hatte ihnen das Herz schwer gemacht.

Die Polizei hatte wirklich Weisungen erhalten dafür zu sorgen, daß der obrigkeitliche Befehl vollzogen werde. Da man vermuthet hatte, Frau von Krudener werde es auch hier aufs Aeusserste ankommen lassen, und gewaltsame Maaßregeln nothwendig seyn, hatte sich eine zahlreiche Menge von Menschen in die Nähe ihrer Wohnung begeben. Als die Stunde kam, ließ sie ihre Wagen und Gefolge voraus fahren auf dem Wege gegen die Rheinbrüke, sie selbst aber glaubte sich den Augen der Neugierigen entziehen zu können, indem sie sich auf einem Fußpfad durch einen Rebhügel gegen die Landstraße wandte. Kaum war dieses bemerkt worden, als die ganze Volksmasse auf einem Umwege der Hauptsraße zuströmte, wo Frau von Krudener unfehlbar durch mußte. Dort wurde ihr von ihren Anhängern das lezte Lebewohl und unter herzlichen Umarmungen und heissen Küssen der wärmste Dank für die empfangenen guten Lehren gesagt. Die Zuschauer hatten mehr den Umstand bemerkt, daß Frau von Krudener auf dem ganzen Weg sich sehr oft gebükt hatte und alles Stroh, das ihr zu Füßen lag, aufhob. Andere meinten, sie hätte es nur kreuzweise gelegt, und bezeichne hiemit ihren Anhängern den Weg, den sie genommen habe. Daß sie dieses thue, wurde in verschiedenen Orten bemerkt. Diejenigen, welche meinen, sie habe es aufgehoben, glauben, es seye geschehen, um irgend einen symbolischen Gebrauch davon zu machen, wie in der Folge soll angedeutet werden.

In einem Gartenhause am andern Ende der Stadt in der Nähe der Rheinbrüke, wurde, weil es zum Reisen und Eintreffen an einen Ort noch zu früh war, ein Abendessen eingekommen. Bevor dann Frau von Krudener den Wagen bestieg, der ihrer am jenseitigen Ufer harrte, verkündete sie noch die Heimsuchung Gottes, über die ruchlose Stadt, welche eine „Prophetin" verfolge und zum Beweis dessen führte sie das Aussehen der ganzen Natur an, wovon aber niemand den Sinn enträthseln konnte, weil das Aussehen derselben sehr schön, der Abend heiter war, der Himmel immer mehr sich entwölkte. Auch war seitdem fruchtbare Witterung und die ganze Gegend mit reicher, wohleingebrachter Erndte gesegnet.

Daß die Stadt von diesem Lehrerwesen sobald befreit wurde hatte man mitunter auch dem zwekmässigen Benehmen des Hauptes der Geistlichkeit, Herrn Antistes Kirchhofer, eines würdigen, allgemein geachteten Mannes, zu verdanken. Er hatte seine aus der göttlichen Schrift und den kirchlichen Institutionen hervorgegangenen Ansichten gegen dieses ganze Wesen ernst und kräftig zu vernehmen gegeben, und sich dadurch gegründete Ansprüche auf den Dank der Geistlichkeit, so wie den ungetheilten Beifall so mancher durch geraden Sinn und biedern Wandel ausgezeichneter Bürger erworben. Eine solche Stimme durfte doch nicht ungehört oder unbeachtet bei Seite gesezt werden. Auch erschien von einem der ersten Geistlichen eine kleine, das Ueberspannte ihrer Lehre mit ruhigem Ernst bestreitende Schrift unter dem Titel: „Winke der Wahrheits„liebe, die Frau von Krudener betreffend, von einem warmen „Verehrer der Wahrheit." (Schaffhausen 1817. 27 S. in 8) Wogegen einer ihrer Anhänger: „Ein Wort der Wahrheit über „Frau von Krudener und ihre Lehre. Von einem Augen- und „Ohrenzeugen." (Schaffh. 15 S. in 8.) erscheinen ließ. Unter den zu Schaffhausen herauskommenden öffentlichen Blättern hatte der „Schweizerische Correspondent" ermahnend, warnend gegen sie gesprochen und so zu sagen in einem stehenden Artikel das Volk vor ihr zu bewahren gesucht.

Wenn sie daher einerseits nirgends mehr enthusiastische Verehrer, Bewunderer und selbst Gläubige gefunden hat, welche sie für eine von Gott besonders gesendete Botin, um die Welt zu lehren, bekehren und zu retten, halten, und jeden Widerspruch gegen sie für Widerspruch gegen die Heilsordnungen des Erlösers achten, so sind auch anderseits nirgends so viele beachtungswerthe Stimmen öffentlich gegen sie aufgetretten, als in dieser Stadt. Es war nicht leicht jemand, der nicht, für oder wider sie, Partie ergriffen hätte. So empfindlich aber sie selbst gegen den Widerspruch ist und bisweilen der Strafgerichte erwähnte, durch die auch schon Widersächer von ihr seyen gezüchtigt worden, so hat doch all dieser Widerspruch für sie weiter keine bedeutenden Folgen. Sie bleibt bei ihrer Behauptung, wie die Gegner bei den ihrigen, und wenn auch ihre Vertreibung durch diese sollte veranlaßt worden seyn, so achtet sie darin eher eine Gnade Gottes, als eine Unannehmlichkeit, so daß sie dessen sich rühmt und ihr Wille daran geschiebt; als Fremdling ist sie gekommen, als Fremdling geht sie, was nachher gesagt wird, vernimmt sie nicht mehr, was geschieht, sieht sie nicht mehr und weil sie nicht in täglichen Verhältnissen steht, werden für sie auch keine gestört; wohin sie sich wendet, findet sie dieselbigen wieder auf gleiche Art. Aber die Parthien bleiben an jedem Ort, und wenn man auch beiderseits noch so glimpflich zu Werke geht, so kann doch eine gewisse Spannung nicht leicht vermieden, nicht leicht sobald wieder gehoben werden, was in manche Verhältnisse unzart, selbst störend eingreift, und doch im gelindesten Fall dem Leben viel von seiner Annehmlichkeit raubt.

sonders wollte kund thun lassen, hiezu kein Weib ausersehen

sie beiläufig von ihren verrichteten Wundern hörten, stellten sie Zweifel und vornehmlich den bündigen Schluß entgegen, wenn es wirklich wahr wäre, daß sie so ausserordentliche Thaten verrichten, zumal mit weniger Speise viele Hungernde sättigen könnte, so würde man sie in einer so theuern Zeit nirgends vertrieben, sondern eher Sorge getragen haben, daß sie nicht fortgienge. Ferner zählen wir zu diesen Ursachen, daß die meisten Geistlichen dieser Lehrerei entgegen waren und also das Volk an diesen ein gutes Beispiel hatte. Endlich aber — und das mag bei dem gemeinen Manne das Meiste gewirkt haben — hätten sich die allerseltsamsten und abentheuerlichsten Vorstellungen von der Person der Frau von Krudener unter dem Volk verbreitet. Eine große Anzahl desselben war überzeugt, sie seye eine Hexe, die man eben deswegen nirgends dulde. Man trug sich mit Anekdoten wie z. B. folgende: Wer Geld von ihr empfange, der müsse sich mit seinem eigenen Blut in ein Buch aufzeichnen. So hätte ein armer Mann auch einmal eine Summe nach Hause gebracht, aber die Frau, benachrichtigt woher er das Geld habe, seye in ihn gedrungen, daß er dasselbe zurüktrage. Auf die Weigerung des Mannes hätte es die Frau selbst über sich genommen, das Geld der gnädigen Frau wieder zu bringen. Diese hätte es anfangs gar nicht zurüknehmen wollen, endlich, als jene nicht nachgelassen, habe sie gesagt: wohlan! ich will es zurüknehmen, aber wisset, daß dann auch euer Mann wieder aus dem Buch muß getilgt werden, worin er steht; worauf sie eine Pistole genommen und das Blatt, welches den Namen des Mannes enthalten, durchschossen habe. Als sie nach Hause gekommen seye, habe sie den Mann todt im Bett liegend gefunden. — Ferner ließen sich Viele nicht ausreden, daß sie Ziegenfüße habe, sie sezten sie in nahe Verbindung mit dem Antichristen und was dergleichen Mährchen mehr sind, wodurch aber die Gemüther des Landvolks gegen alles Vertrauen auf sie und gegen allen Eingang ihrer Lehre verbollwerkt sind.

Von Schaffhausen nahm Frau von Krudener ihren Weg in das Nonnenkloster Paradies, eine halbe Stunde von dieser Stadt im Kanton Thurgau gelegen. Sie hoffte dort eine Aufenthaltsbewilligung zu finden, aber unverweilt mußte sie sich nach Diessenhofen begeben, wo ihr der Aufenthalt in einem Wirthshaus vor dem Städtchen gestattet wurde. Diessenhofen, nur zwei Stunden von Schaffhausen entfernt, war für ihre Anhänger noch nahe genug, um zahlreich dorthin zu wallfahrten und da ihr dortiger Aufenthalt mehrere Tage dauerte, so hatten sie das Glük sie von Angesicht zu Angesicht zu sehen, und durch ihre Nähe gestärkt und erquikt zu werden, noch länger als sie anfangs hätten hoffen dürfen, ja sie konnten dieselbe um so viel ungestörter besuchen, da es minder bemerkt ward, wenn sie sich dorthin begaben, und um so viel freier bei ihr verweilen, da der Zutritt zu derselben nicht jedermann, sondern nur derjenigen Classe von Menschen gestattet war, die in ihrer bessern Kleidung die Berechtigung zu diesem Zutritt an sich trugen.

Hier müssen wir eine kleine Bemerkung einschalten. Es scheint fast, als ob Behörden, welche einen solchen Unterschied zwischen Eintritts-Fähigen und Unfähigen machten, nie versucht haben, sich einen klaren Gesichtspunkt festzusezen, aus welchem sie diese ganze Sache und ihre Zulässigkeit oder Unzulässigkeit betrachten sollten. Entweder ist Frau von Krudener zum Heil der Welt erschienen, oder nicht, ein solches wanderndes Lehrwesen ist eine duldbare Sache, oder nicht. — Im ersten Fall scheint es hart, der ärmern, in geringern Kleidern einherziehenden Volksklasse, die schon so viel entbehren, so manches tragen muß, auch dieses noch zu verkümmern und zu entziehen und ihr vor dem Lichte zu stehen, damit dasselbe auf ein paar Frau Basen von höherm Rang desto besser leuchten könne; damit diese ja nicht durch die hinzuströmende Menge gedrängt werden, oder gar zu dem Riechfläschchen ihre Zuflucht nehmen müßten, weil sie sich in Umgebung befinden, die nicht ebenbürtig ist. Das Wort der Wahrheit, die Lehre des Heils soll für alle schallen und alle bedürfen desselben gleich. Im zweiten Fall aber, soll man auch für die Einen, wie für die Andern, sorgen, daß sie nicht bethört, nicht zu ihrem Nachtheil eingenommen werden, und es sollte entweder Niemand oder Jedermann das Recht haben, zu ihr zu gehen, Trost und Hülfe zu suchen, Niemand oder Jedermann von ihr abgehalten werden.

Frau von Krudener selbst aber, wenn sie wirklich diesen Trieb des Geistes fühlt, der Welt den verkannten, vergeßenen HErrn wieder zu predigen und Aller Herzen wieder hinzuleiten zu dem einigen Quell des Lebens, sollte sie nicht zu allererst gegen solche angeordnete Unterscheidungen sich erheben und es laut sagen, daß sie nicht zu besondern Classen, nicht zu denen, vom irdischen Glük begünstigten, und in den Weltverhältnissen um eine Stuffe höher stehenden, sondern zu Allen gekommen seye, indem Alle der Belehrung und Erneuerung gleich bedürften? Wende man nicht ein, diese hätten es nothwendiger als die Andern, daß sie an den HErrn erinnert würden; wahrhaftig die Erfahrung lehrt, daß Beide gleich ferne und gleich nahe sind. Sie hätte lieber gar nicht lehren sollen, als auf solche Weise dem Unterschied unter den Menschen, welchen nur die Welt macht, den aber das Christenthum nicht kennt, der demselbigen ein Gräuel ist, zu fröhnen. Aber sie gefällt sich in einem solchen Kreise und es schmeichelt mehr, wenn Reiche, Angesehene, Vornehme, Gebildetere um sie sich sammeln, dem Wort ihres Mundes lauschen, ihrem Geheiß folgen und dadurch sich zu allem leiten lassen, als wenn nur die gemeine Menschenklasse ihre Jüngerschaft bildet. Die Freude, ein Herz gewonnen, eine Seele gerettet zu haben, sollte durch alles äußere Verhältniß desselben nicht bedingt, weder grösser noch geringer seyn. Und doch ist es nicht bloß einmal versichert worden, daß, wo dieser angesehene Besuch sich dränge, die Leute des gemeinen Haufens von ihr nicht beachtet würden, weder Zutritt noch besonderes Gehör fänden.

In der Nähe von Diessenhofen liegen die beiden badenschen Dörfer Gailingen und Randeck, beide zahlreich von Juden bewohnt. Auch diese Kinder Israel hatten die Kunde vernommen von der „Wunderfrau" und wanderten hinüber, da sie so nahe bei ihnen weilte. Ihnen wurde nun besondere Aufmerksamkeit geschenkt, als dem von Gott zu dem bevorstehenden grossen Umschwung der Dinge vornehmlich auserwählten Volk. Herr Köllner hielt eigene Anreden an sie, wodurch sie angelokt werden sollten. Gegen die Schweiz gieng es immer in höherem Ton, daß dieselbe dem Zorn Gottes wegen der Ruchlosigkeit ihrer Regierungen nicht entrinnen werde. Der Oberamtmann von Diessenhofen fand, daß es doch zu arg seye, wie in dem eigenen Lande über dasselbe und seine Vorsteher gesprochen werde und war im Begriff Maaßregeln dagegen zu ergreifen, als sich Herr Köllner zu ihm begab. Auch dort führte er die gleiche Sprache, wo möglich mit noch minder Rükhalt und Schonung, so daß der Oberamtmann dem weitern Aufenthalt der ganzen Gesellschaft ein Ziel sezte und sie noch denselbigen Abend (den 28. Juli) Diessenhofen verlassen mußte.

Anstatt, wie man anfangs vermuthete, in der Schweiz zu verweilen, wandte sich Frau von Krudener wieder über den Rhein in badensches Gebiet und kam in der gleichen Nacht in Randeck, eine Stunde von Diessenhofen, an. Sie wählte ihr Nachtquartier in dem herrschaftlichen Schlosse. Kaum war sie dort und ihre Ankunft in Randeck bekannt geworden so kamen viele Leute dahin, um sie zu sehen und zu hören, aus gleichen Ursachen geleitet wie anderwärts und allerwärts. Auch da wurde häufiger Zuspruch erlassen und während einst alle Anwesende andächtig auf den Knieen lagen, lief sie selbst mit einem Stükchen Holz, das mit Stroh umwunden war, in der Hand in die Eken des Zimmers und verkündigte dreifaches Wehe über die Welt *). Die Juden zeigten sich auch hier, wie allenthalben, wo an ihrer religiösen Umgestaltung oder sittlichen Verbesserung gearbeitet werden will, als das halsstarrige, hartherzige Volk, das zwar sieht und hört, aber nicht vernimmt und wieder geht, wie es gekommen ist. Auch sind bisdahin noch alle Versuche der Weltverbesserer, seyen sie gemacht worden von wem es seye und selbst, wo es geschehen konnte, mit Gewalt begleitet gewesen, an der gemeinen Judenschaft abgeglitscht.

Der Oberbeamtete in Radolphzell, in dessen Verwaltungskreis Randeck liegt, war von der Ankunft der Frau von Krudener unverweilt benachrichtiget worden und hatte ihr schleunig die Anzeige gemacht, daß sie da nicht bleiben dürfe. Gegen Abend (am Tage nach ihrer Ankunft) verließ sie, langsamen Zuges, Randeck wieder. Man vermuthete, sie würde sich nach Hohentwiel begeben, welche Felsenklippe mitten im badenschen Gebiet unter wirtembergischer Hoheit steht, und wo sie, bis in Stuttgard Anzeige gemacht, ein Entschluß gefaßt und derselbe herausgebracht worden wäre, doch immerhin mehrere Tage ungestört hätte verweilen können. Aber sie

*) Wenn sie auf ihrem Wege wirklich Stroh und Reiser zusammenliest, so ist es sicher zu diesem Gebrauch, den wir vorhin symbolisch nannten.

wandte sich wieder alle Erwartung nach Radolphzell, wo sie Nachts um zehn Uhr ankam. Ungesäumt verfügte sich der Beamtete selbst zu ihr, um zu vernehmen wohin sie sich zu begeben gesonnen seye. Sie glaubte denselben für sich einnehmen zu können, aber statt dessen erhielt sie den Befehl, morgenden Tages sich weiter zu begeben.

Auch dahin hatte der Ruf viel Volks, besonders viele Dürftige, gelokt, und am andern Morgen um halb zehn Uhr begann ein Vortrag an die versammelte Menge. Ihre Vorträge sind immer des gleichen Inhalts, nur nach der Verschiedenheit der Aufnahme mit etwelcher Oertlichkeit vermischt. Hier galt es die Hartherzigkeit der Beamteten und die satanischen Einrichtungen, indem dem Volke der Zutritt und ihr das Almosengeben untersagt war. Bei der Abreise ermahnte sie das Volk, für den Beamteten zu beten, daß sein Herz erweicht würde.

Ein öffentliches Blatt meldete, daß sie zu Radolphzell dem Pfarrverweser zwei neue Thaler hinterlassen haben, um dieselben als Allmosen unter das Volk zu vertheilen; es seye aber derselbe in Verlegenheit gesezt worden, weil die Armen gemeint hätten, die empfangene Summe seye weit grösser. Wenn diese Nachricht wahr ist, so muß eine besondere Stimmung der Frau von Krudener und weder Mangel an Geld noch an Wohlwollen die Ursache gewesen seyn, daß sie nicht mehr gab. Denn daß sie gibt *), daß sie unbedacht gibt, daß sie

*) Sie hat in Schaffhausen dem Fond des Blindeninstituts drei Louisd'ors geschenkt. — Wenn ihre Gaben manchmal unter der Erwartung stehen, so kömmt es nur daher, daß diese allzuhoch ist, und meint sie greife mit beiden Händen in den Geldsak.

im Geben weder Maaß noch Schranke kennt, ist doch so gewiß ausgemacht, daß selbst auch dieses bei Manchen gegen sie hätte zeugen sollen. Daß es nicht das Erste war, ist eben so gewiß. Sie hat überall, wo sie sich aufhielt, baar bezahlt, und wenn sie nach Luzern etwas nachsenden mußte (daß sie Silbergeschirr als Pfand habe müssen zurüklassen, wie öffentlich geschrieben worden ist, dürfte doch eine übertriebene Nachricht seyn), so kann das bei so grossen Summen, wie sie zu ihren Ausgaben bedarf, sich leicht begeben, daß eine kleine Verspätung erfolgt. Uebrigens hat man berechnet, daß sie von ihrem Eintritt in den Kanton Schaffhausen bis zu ihrer Ankunft in Konstanz, also in nicht viel mehr als drei Wochen Zeit, die Summe von 10,000 Gulden gebraucht habe, welches nicht zu viel berechnet ist, wenn sie allenthalben in gleichem Verhältniß so große Rechnungen zu bezahlen hatte, wie in Lottstetten und Büsingen, in welch leztern Ort ein Wirth allein dreitausend Gulden von ihr zog. Daher auch an den meisten Oertern vornehmlich Wirthen und Lehnkutschern einleuchtend in die Augen fällt, daß sie mit Ungerechtigkeit und Härte behandelt worden seye.

Von Zell kam sie nach Konstanz, oder eigentlich nach Petershausen, wo ihr wieder ein Aufenthalt nur von 24 Stunden gestattet war. Jedermann, der es verlangte, hatte Zutritt bei ihr und noch eine Stunde vor ihrer Abreise sprach sie zu den Zuhörern, welche sich in das Zimmer drängten, mit einer Geschwäzigkeit, die ihr eigen ist. Sie soll auf Verlangen eines Anwesenden den Zwek ihres Umherziehens dargestellt haben.

Wenn es schien, als wolle sie nunmehr die sie verschmähende Schweiz den Folgen ihrer Unerkenntniß überlassen und sich in

Gegenden wenden, wo sie bereitere Aufnahme fände, so war dennoch ihr Augenmerk unverwandt auf dieses Land gerichtet. Dasselbe sollte mit Gewalt belehrt, erleuchtet, gebessert werden und es bleibt unsers Ermessens von allem Räthselhaften, das in der ganzen Sache liegt, bisher noch das Unerklärlichste, warum sie diese kleine Landesstreke nicht verlassen will, gleich als wäre sie in dieselbige gebannt. Je grösser bei ihr die Hartnäkigkeit wird, mit der sie sich demselben aufdrängt, desto grösser müssen auch der Argwohn und die Besorgnisse, desto ernsthafter die Maaßregeln werden, welche man gegen sie ergreift. Ward doch selbst unser aller grosser HErr und Meister müde, wenn eine Gegend ihn durchaus nicht aufnehmen wollte, so daß er in eine andere zog; sie aber, welche dort wie da, wirken könnte, will seyn wo sie sieht, daß Alles, was Ansehn, Einsicht und Einfluß hat, gegen sie ist.

Sie kam am ersten August nach Hub, einem Posthause des Kantons Thurgau, wahrscheinlich in der Absicht sich in den Kanton St. Gallen zu wenden, weil sie in den mannigfach heimgesuchten Gegenden dieses Kantons, so wie unter dem von harter Noth gedrükten Volk des Kantons Appenzell mit ihren Predigten für die Armen, zahlreichen Anhang und einen weiten, vielbesuchten Spielraum für ihre Schwärmereyen und ihr ganzes Wesen zu finden hoffte. Die Regierung des Kantons St. Gallen durfte wohl auf der Hut seyn, denn allzuleicht hätte die Steigerung leidender Gemüther Auftritte veranlassen können, dergleichen man in keinem Lande gerne sieht. Daher traff dieselbe unverweilt, auf die erhaltene Anzeige ihrer Annäherung polizeiliche Vorkehrungen. Jeder Kreis- und Bezirksamtmann sollte ihr nemlich, im Fall sie den Kanton betretten würde, persönlich und mündlich fagen, daß bei aller Achtung, die man für ihre Person hege, ihr dennoch kein Aufenthalt in dem Kanton könne gestattet noch erlaubt werden einen andern Weg einzuschlagen, als den über Rorschach und Rheinek nach Deutschland, am allerwenigsten aber sie sich gegen den Kanton Appenzell oder ins Rheinthal wenden dürfe.

Sie blieb mehrere Tage in Hub. Ihr eigentliches Gefolge bestand nur noch aus 40 Personen. Den grössern Haufen hatte man in Lottstetten auseinander getrieben, in Schaffhausen sich nicht wieder sammeln, auf ihrem Wege durch das Badensche Gebiet nicht zu ihr stossen lassen. Sie ließ sofort dem thurgauischen Landvolk durch ihre Missionäre auf dem Feld predigen, doch nicht bei Vielen mit dem erwarteten Eindruk. Die Gehülfen schilderten dieselbe als eine Wunderthäterin. Das Wohlthätigste war die Austheilung von Lebensmitteln; 240 Portionen Sparsuppen wurden auf den Tag gerechnet. Das Brod mußte das Volk auf den Knieen empfangen als eine Gabe, die von Gott komme; gleich als wenn nicht alles, was wir zu unsrer leiblichen Nothdurft gebrauchen, von Gott käme!

Grösser war der Zulauf und das erregte Aufsehen in Arbon, wo ihr einige, doch nur kurze Zeit, zum Lehren gestattet ward. Am 10. August sollen Neugierde, Schaulust, Hunger und welche Triebfedern alle wirken mochten, über 2000 Menschen in und um das Wirthshaus, worin sie sich zu Arbon befand, zusammengeführt haben. Es wurden in ihren Zimmern verschiedene Vorträge gehalten, auch fielen mancherlei Auftritte vor. Bei dem Gebet sollte ein Kaufmann aus dem Toggenburg zum Knieebeugen angehalten werden. Er erklärte aber öffentlich denjenigen, welcher ihm die Zumuthung machte, für einen Pharisäer, denn es stehe zwar wohl in der Bibel: „Gehe hin und bete", seye aber nicht vorgeschrieben, ob stehend, sizend, oder knieend, kurz er kniee nicht. Nachmittags hielt Frau von Krudener einen Vortrag aus dem Fenster, da wegen des grossen Andrangs niemand in ihr Zimmer gelassen werden konnte. Hierauf war Gesang in den das Volk auf der Strasse mit einstimmen sollte, den es aber nur stillschweigend anhörte. Die Folgen waren wie allenthalben, grössern Nachtheil als gesegnete Wirkung zeigend. Ein junger Mann, der sonst nie für einen Frömmler galt, wurde bis zum Wahnsinn verrükt. Während ihres Aufenthalts im Thurgau bemerkte man das Gleiche, was in Luzern, daß nemlich ihre Leute bisweilen haufenweise verschwanden und dann von allen Seiten her, vornehmlich aus der Schweiz, mit Briefen zurükkamen. Mag immerhin die Sage diesen Umstand ergriffen und als eine geheime eigens organisirte Correspondenz mit Büreau's und Geheimschreibern und Aussendung und Ankunft n ä ch t l i ch e r Boten ausgeschmükt haben, auch das wäre der Mühe werth dem Ursprung und Inhalt und Zwek dieser Briefe nachzuforschen und solche Boten einmal aufzuheben, geschähe es auch nur, um diejenigen, welche sich das Traumbild von politischen Zweken nicht nehmen lassen, zu beruhigen, oder aber, wenn wirklich solche statt finden sollten, sie zu vereiteln. Wenigstens bleibt jede in einem fremden Lande heimlich, auf ungewöhnlichen Wegen, und von Leuten, die solchen Anhang haben und mit Mystifikationen wohl umzugehen wissen, geführte Correspondenz, immer eine verdächtige, aller Ordnung zuwiderlaufende Sache.

Ein Befehl der thurgäuischen Regierung bestimmte der „Wunderfrau" den 11. Abends zur Abreise; welche am 12.

erfolgte; aber der Polizeikommissär hatte hiezu nachdrüklichen Ernst anwenden müssen.

Sie kannte die Gesinnung der Regierung von St. Gallen, welche ihr ein Beauftragter der Polizei schon in Hub zu wissen gethan hatte. Sie stellte sich, als wollte sie auf der Straße von Rorschach reisen, vermuthete aber wohl, daß dort ihres Bleibens nicht werde seyn können, kehrte daher auf Umwegen zurük und kam immer tiefer ins Thurgau. Ihren Anhängern und Nachfolgern bezeichnete sie den Weg mit Strohhalmen und Tannenreisern, die sie auf den Straßen über's Kreuz legte. Indeß ihr Gefolge sich noch immer in Arbon und in nicht geringer Verlegenheit befand, erschien sie wieder an den Stadtthoren von Konstanz, wurde aber nicht eingelassen. Endlich erreichte sie der thurgauische Polizeioffiziant ein paar Stunden weiter abwärts, zu Mannebach, am Untersee.

In dieser Gegend schien nun kein Ausweg mehr für sie offen, daher brachte sie jener Polizeioffiziant den 17. August Abends in das St. Gallische Gränzort Lemmenschwyl und machte selbst die Anzeige in St. Gallen. Aus nachbarlichen Rükfichten mußte ein dortiger Polizeioffiziant dieselbe übernehmen in der Absicht, sie über den Rhein nach Deutschland zu bringen. Sobald er am 18. mit ihr an die Rheinfähre zu St. Margarethen gekommen war, schiffte der österreichische Oberbeamtete von Höchst an das rheinthalische Ufer hinüber, und zeigte einen strengen Befehl der Landesverwaltung von Innsbruk, daß weder der Frau von Krudener selbst, noch irgend Jemanden ihres Gefolges verstattet seye, den österreichischen Grund und Boden zu betreten; ja man hatte dort sogar aus mehrerer Vorsicht seit drei Tagen die Schiffe angekettet. Wahrscheinlich vermuthete die Landesregierung Gemeinschaft mit den Böschelianern, oder, bei der Aehnlichkeit der Grundsäze und Lehren zwischen Frau von Krudener und dieser Secte, unangenehme Auftritte.

Sie wurde nun wieder nach Arbon zurük und am 20. in Begleitung eines thurgauischen Polizeibeamteten nach Konstanz gebracht. Dieser durfte sie nicht verlassen, so lange sie auf Thurgauischem Boden war. Er brachte sie am 21. nach Diessenhofen, woselbst sie übernachtete. Wenn sie auf diesem Schub an einem Orte verweilte, so wandte sie alle Künste an, daß ihre Ankunft nicht verborgen bleibe, das Volk herbeizulocken, und endlich, troz aller Vorkehrungen des Polizeioffiziant, dasselbe anzureden. Ihre Missionäre mußten in dem Orte hin- und herlaufen, denn der Polizeioffiziant war vermög seines Befehls angewiesen, Leute zu requiriren, falls er derselben zu seiner Unterstüzung bedürfte; es wurden Wachen an die Thüren gestellt, niemand hereingelassen, sie selbst gieng auf die ersten Ermahnungen nicht weiter. Darüber ward lärmender Zulauf, das Gedränge immer größer, das hinzuströmende Volk drükte voran, die Wachen waren nicht mehr Meister, das Oeffnen der Zimmer konnte nicht verhütet werden; dann erschien sie, begann zu reden; endlich war die höchste Zeit gekommen, sie mußte zwar gehen, doch hatte sie abermals ihren Zwek erreicht. Dieses war der Verlauf ihres kurzen Aufenthalts zu Eschenz, bei Stein am Rhein, wie ein unbefangener Zuschauer erzählt hat, zugleich mit dem Beifügen, wenn er anfangs durch Manches, mitunter auch durch die harten und als Verfolgung erscheinenden Maaßregeln der Regierungen für Frau von Krudener gestimmt gewesen, oder mit einiger Erwartung hingegangen wäre, ihn alsbald Umgebung, Rede, Ton, das absichtliche Darausanlegen, nicht verborgen zu bleiben, und das Marktschreierische des ganzen Wesens würde abgeschrekt haben, daß ihm überhaupt das Ganze als eine höchst gemeine Farce vorgekommen seye, von der er nicht begreifen könne, wie sie irgend einem Menschen von geradem Sinn, Wärme für das Heilige und nicht ohne alle Kenntniß der menschlichen Natur und Geschichte etwas anhaben könne.

Den 22. erschien sie wieder in der Nähe von Schaffhausen in dem jenseitigen Zürichérischen Dorfe Feuerthalen und begab sich von da weiter in den Kanton Zürich nach Uhwiesen und Marthalen, wo sie übernachtete. In lezterm Ort ward sie strenge bewacht und am folgenden Tag, Abends, von dem Oberamtmann zu Andelfingen unter Begleitung von sechs Landjägern bei Rheinau über den Rhein gebracht, wo sie wieder nach Lottstetten zog. Daß sie aber dort nicht mehr würde geduldet werden, ließ sich aus einem Schreiben des badenschen Oberamts Engen an die Regierung von Schaffhausen abnehmen, worin diese gebeten wurde, im Fall Frau von Krudener wieder nach Schaffhausen kommen sollte, dieselbe doch ja nicht des Weges gegen Engen zu weisen, indem sie dort unfehlbar wieder würde zurükgewiesen werden.

Sie versuchte nochmals sich in den Kanton Schaffhausen einzudringen und kam den 25. August in der Nacht nach Neuhausen, einem Dorfe, eine halbe Stunde von der Stadt, bei dem Rheinfall. Der Ortsvorsteher benahm sich sehr gut, ließ sie die ganze Nacht bewachen und machte gleich am frühen Morgen die Anzeige von ihrer Ankunft. Es wurde unverzüglich ein Polizeibeamteter herausgeschikt, der aber die gleiche Erfahrung machte, wie Andre, daß es schwierig seye sie fortzubringen. Es dauerte mehrere Stunden, bis sie sich dem Befehl fügte, und es mochte ihr um so schwerer fallen, demselben Folge zu leisten, da schon einige ihrer Anhängerinnen, kaum sie ihre Ankunft in Neuhausen vernommen hatten, zu ihr herauspilgerten, wiewohl ohne zu ihr gelassen zu werden. Endlich um 11 Uhr bequemte sie sich zur Abreise.

Während ihres dortigen Aufenthalts spazierte sie in den Rheinfall herunter und dictirte in dem Zimmer der Camera obscura ihrem Begleiter, Herrn Köllner, folgendes in das Fremdenbuch:

„Den 26. August besah Frau von Krudener, als sie den Verfall der Religion Jesu betrauerte, die Strafgerichte und die Gnade Jesu Christi verkündete und deshalb in der Schweiz verfolgt wurde, den Rheinfall, und erflehte das Erbarmen Gottes unsers Heilandes für die verblendeten Menschen."

J. G. Kellner.

Man sieht aus diesem historischen Bericht über das Schaffen und Walten dieser Frau in der Schweiz eine immerwährende Wechselwirkung. Es ist nicht ein Plan und eine Absicht, welche sie in Basel erst leise und verborgen auftreten, zuletzt obrigkeitlichen Befehlen immer beharrlicher Trotz bieten und sich gewaltsamen Wegweisungen entgegendrängen ließ. Wie von manchem Helden, wie am besten von dem Würgengel unsers Jahrhunderts gesagt werden kann, die Umstände haben ihn groß gemacht, so auch hier. Weder der Betrüger, noch weniger der Phantast, tritt in der abgeschlossenen Vollendung seines Wesens in die Welt, sondern mit dem Gelingen seiner Absichten schreitet er zu dieser fort. Daher fand Frau von Krudener bald in den Maaßregeln der Obrigkeit gegen sie gewissermaaßen die Gewährleistung einer, anfangs gewiß selbst von ihr noch nicht so kek geglaubten, dann aber selbst von ihren Anhängern als unbezweifelte Gewißheit angenommenen, verkündeten göttlichen Sendung. Diese Maaßregeln waren aber nothwendig, nicht sobald sie Aufsehn erregt, sondern sobald sie Mehreren mit ihren überspannten Meinungen die Köpfe verwirrt hatte. An die Selbstberedung von der göttlichen Sendung mochte sich auch die vermeinte Wunderkraft knüpfen, der man aber immer das hic Rhodus, hic salta entgegnen könnte.

Die Oeffentlichkeit hat in unsern Tagen durch die großen Weltereignisse ungemein gewonnen. Denn diese haben mehr, als irgend welche einer Zeit, Aller Interessen angesprochen. Daher kann keine Erscheinung, die die Ideenwelt anregt, auf gewisse Klassen von Menschen beschränkt, oder von Vielen in der gedankenlosen Alltäglichkeit eines mechanischen Lebens unbeachtet bleiben. Auch das Volk will — was ehedessen minder gewesen — mitsprechen, mithandeln, Theil nehmen, und in Allem, was die höchsten Ideen und Verhältnisse des menschlichen Geschlechts anregt, spaltet sich dasselbe in das Für oder Wider. Wir wollen damit keineswegs eine größere Urtheilsfähigkeit zugeben, sondern nur den Grund finden, warum der Ruf dieses Weibes so groß geworden ist, welchem dann die besondern Zeitverhältnisse (Mißwachs, Theurung, Noth) noch ungemein nachgeholfen haben. Je größer und aus je fernerer Gegend der Zulauf zu ihr ward, eine desto größere Bedeutung hat sie deshalb vor sich selbst, aber gewiß auch, in Hinsicht ihrer Berührung mit der größern Menschenmasse, fürs Allgemeine bekommen, wenn sie auch schwerlich geprüft oder geahnet hat, welche Beweggründe die Meisten zu ihr leiteten. Es ist aber eine unüberlegte Rede, wenn hie und da einer sagt, man hätte nicht gegen sie reden, handeln, wirken, solchen Lärm machen sollen; dadurch besonders seye sie in solchen Ruf gekommen, die Zahl ihrer Anhänger weit grösser geworden, als wenn man stille geschwiegen hätte. Diese betrachten weder die Zeiten, noch die Stimmung im Ganzen, noch die Art, wie Frau von Krudener selbst zu Werke gieng. Sobald die Lehren oder die Umtriebe einen solchen Charakter annahmen, daß sie Schaden stifteten, oder stiften konnten, und krebsartig um sich griffen, so wäre es Unverantwortlichkeit der Regierungen gewesen, gleichgültig zuzuschauen. Sie mußten handeln, wodurch dann freilich die Sache zu einer Ruchtbarkeit anwuchs, die sie doch immer, wenn nur langsamer (aber gefährlicher), erlangt hätte. War hierin einmal der Anfang gemacht, so konnte man nicht mehr zurük: das Fieber, das sonst ein langsames, schleichendes geworden wäre, mußte etwas schneller durchgemacht werden, um die Crisis, und damit die Heilung bälder herbeizuführen.

Daß diese neue angebliche Prophetin unter höhern Ständen, vornehmlich unter Frauen und gerade unter solchen, die als religiös bekannt sind, Aufsehen erregte und großen Anhang fand, mag auch nicht ohne Wirkung auf sie geblieben seyn. Vielleicht geben folgende kurze Bemerkungen einen Aufschluß darüber, wie solche Frauen von ihr konnten gefesselt werden.

Offenbar ist in unsern Tagen der religiöse Sinn, der vor dreißig Jahren, zumal unter den höhern Ständen, dem Erlöschen sehr nahe war, wieder belebt, wozu der Gang der

Weltangelegenheiten, viel mag beigetragen haben. Zugleich sehen wir allgemein mehr Schönheitssinn gewekt, als sonst, und die Herrlichkeiten der Natur und der Kunst üben einen mächtigen Einfluß auf das Leben und die Bildung der Menschen, als in beiden verflossenen Jahrhunderten. Bei diesem Erwachen der Phantasie war der Cultus — die äussere Gestaltung des Religiösen — düster, eintönig, öde geblieben, die Geburt eines mächtigen Kampfes, worin man aus Troz und Erbitterung zerstört, über dem Ringen aber das Aufbauen vergessen hatte. So lange die Gemüther warm und streitfertig konnten erhalten werden, vermißte man nichts. Wie aber diese allzuweit getriebene Einfachheit statutarische Norm wurde, hatte man nicht daran gedacht, daß dadurch das Verhältniß (welches aus dem ganzen Wesen des Menschen hervorgeht) umgestaltet werde, wenn man annehme, daß das Aeussere von innen heraus, anstatt das Innere durch das Aeussere belebt werde. Darüber wurden dann von den Menschen zwei Rettungswege versucht. Zartere Seelen haben die Lehren des Christenthums um so mehr von der Seite aufgefaßt, in welcher sie das Gemuth zu einer — die Welt oft anfeindenden — Beschaulichkeit leiten, Andre aber haben jedes Ungewohnte, von der täglichen Uebung Abweichende hastig ergriffen, und darin einen vermeinten Ersaz für die Monotomie einer religiösen Form zu finden geglaubt, die die Phantasie unangesprochen läßt. Dieses ist der Ursprung der zahllosen Menge von Secten, welche seit drei Jahrhunderten entstanden sind. Fast möchten wir sagen, Frau von Krudener habe beide Wege vereinigt und darum so Viele an sich gelokt, welche zu den achtbaren und selbst einsichtsvollen unter den Menschen gehören, wiewohl auch hierdurch das Vermißte für die Länge nicht gefunden wird.

Ueber die Person der Frau von Krudener ein Urtheil fällen zu müssen, scheint je länger je schwieriger, und wenn man meint, durch dies oder das zu einer begründeten Ansicht geleitet zu werden, tritt wieder mancherlei entgegen, was darin irre machen kann. In jenes pöbelhafte Geschrei, welches sie für eine gemeine oder für eine feinere Betrügerin erklärt, wollen wir nicht einstimmen, wenn wir gleich nicht läugnen können, daß bei ihren Anhängern manches ungegründete Vorgeben, manche Ränke unterlaufen mögen. Sie scheiden wir genau von diesen, und meinen es am nächsten getroffen zu haben, wenn wir sie für eine Person halten, die, nachdem die Periode der sinnlichen Liebe vorübergegangen ist, mit Geist, Phantasie und Gefühl begabt, aus Reue und in dem Bedürfniß nach etwas, das ihr Leben ganz ausfülle, das Religiöse mit aller Macht ihres geistigen Wesens ergriffen habe. (Sie wäre in Spanien das Muster einer Christo ganz hingegebenen Nonne geworden). Darüber ward sie nach und nach — durch die Ideen Andrer noch gesteigert — zur Schwärmerei geleitet, in der sie von einem Grad zu dem andern bis zulezt auf die Höhe stieg, in welcher sie sich zur Weltbekehrung und Verkündigung des tausendjährigen Reiches berufen glaubte. Damit verbindet sich noch (außer der Eitelkeit) eine wahre Gutmüthigkeit, welche es mit den Menschen wohl meint und helfen möchte jedem zu dem, was er bedarf, dem Armen zu Speise, dem Reichen zu einem milden Herzen, den Sündern zu reinerem Wandel. Wir finden die größte Urkunde der Schwärmerei und der Gutmüthigkeit in ihrer ganzen Umgebung, die sie gewiß feiner gewählt, oder doch besser im Auge haben würde, wenn sie weltliche Zweke erreichen wollte; sie würde in diesem Falle die Macht der

Scheinheiligkeit nicht nur kennen, sondern auch anwenden, und ihrem Gefolge sie strenge empfehlen.

Möchte man sagen, daß die Regierungen gegen eine solche Person denn doch allzuscharf verfahren seyen, so entgegnen wir: Keineswegs. Die Maaßregeln der Regierungen haben gar nicht ihrer Person, sondern ihren Lehren und den erfolgten, oder möglichen, Nachtheilen gegolten. Es hat nicht weniger können gethan, nicht anders gehandelt werden und wir möchten ihr nie das vielsagende, mehr noch aber wirkende, Prädikat einer Verfolgten geben. Unfugen, seye die Quelle derselben, welche sie wolle, können nie irgendwo geduldet werden. Ihre Anhänger aber mögen vielleicht, je öffentlicher das ganze Wesen wird, sich zurükziehen, wo nicht am Ende gar sich schämen müssen, daß sie so leichtgläubig sich haben hinreissen lassen.

Nun noch ein paar Worte von der Entstehung dieser Schrift. Sie war zuerst in weit beschränkterem Umfang für das Publikum einer schweizerischen Stadt bestimmt. Wie das Aufsehen, welches Frau von Krudener allenthalben erregte, grösser, wie sie immer mehr das Gespräch des Tages ward, kam der Verfasser auf den Gedanken, ein historischer Bericht über den Aufenthalt dieser Frau seit ihrer Ankunft dürfte vielleicht auch für das grössere Publikum in und ausser der Schweiz nicht uninteressant seyn. Er sammelte sich daher, theils aus öffentlichen Blättern, theils aus brieflichen Mittheilungen, Data über ihren Aufenthalt an jedem Ort in der Schweiz, wo sie etwas länger verweilte; so wuchs das Werk unter der

Hand, und es waren die ersten Bogen gedrukt, bevor die lezten geschrieben; denn der Gang der Frau von Krudener sollte darin verfolgt werden bis zu der Zeit, da die Schrift wegen der Versendung auf die Leipziger Messe geschlossen seyn mußte. Daher einige Eilfertigkeit wohl sichtbar seyn mag, indem auf solche Weise an sorgsamere Ausarbeitung nicht konnte gedacht werden.

Drukfehler.

S. VI. der Vorrede: statt: vor welche wir Wärmun finden; lies: gegen welche wir Warnun finden.

S. 19. statt detrimenta; lies: detrimenti.

Der Name Köllner muß durchaus Kellner geschrieben werden; so hat sich wenigstens derselbe in dem Fremdenbuch beim Rheinfall selbst unterzeichnet.

Mehrerer kleiner Fehler wegen entschuldigt sich der Verfasser durch seine Entfernung vom Drukort.

CPSIA information can be obtained
at www.ICGtesting.com
Printed in the USA
BVHW04*1155100818
524141BV00006B/96/P

9 780364 440797